JN249147

斎藤一人

Hitori Saito

龍の背に乗る生き方

がんばらない人生のススメ

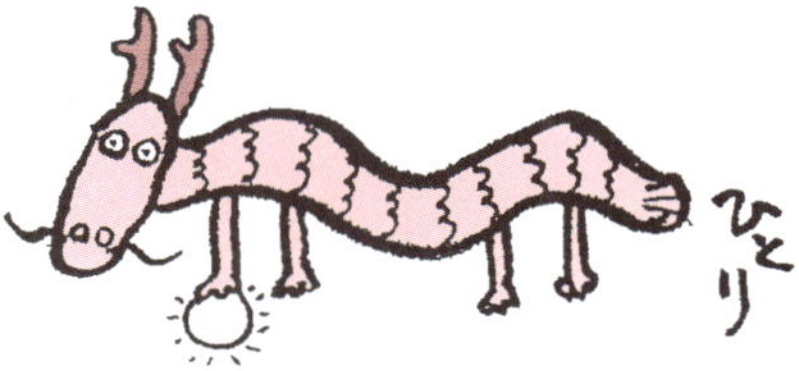

斎藤一人
鈴木達矢 著

マキノ出版

一人さんのまえがき

その「常識」は、本当に従わなきゃいけないことかい？

みんなやってるから。

――それだけの理由で常識を疑いもせず、自分をがんじがらめに縛りつけていないかい？

あなたを幸せにするのは、「あなたにとっての正解」だよ。

その正解を探せた人の目の前には、龍神様が現れるんだ。

斎藤一人

タツヤ部長のまえがき

鈴木達矢

みなさん、こんにちは。感謝しています！

日本一の幸せ長者、斎藤一人《さいとうひとり》さんの特別弟子・鈴木達矢《すずきたつや》と申します。

僕は、舛岡《ますおか》はなゑさん（一人さんの直弟子）が社長を務める「オフィスはなゑ」で部長職を担っています。

そんなわけで、周りからは「タツヤ部長」と呼ばれていますので、みなさんもどうぞ気軽にタツヤ部長と呼んでくださいね。

まずお伝えしたいのは、いつも応援してくださるみなさんへの感謝です。

たくさんのかたが後押ししてくださったおかげで、このたび2冊目の本を出版させていただけることになりました。

今、うれしくて飛び上がりそうな気持ちです（笑）。
本当にありがとうございます！

＊＊＊

２０１９年に『斎藤一人 日々の幸福論』（学研プラス）という初めての本を出させていただきました。それ以来、僕は全国各地で、一人さんの教えをみなさんに伝える講演会を開催するようになりました。

一人さんの趣味といえば、仲間とのドライブ旅行。

それこそ毎日のようにいろんなところへ足を運ぶのですが、僕はそのときに一人さんの車を運転しながら、いっしょに楽しい旅をさせてもらっています。

講演会では、ドライブ旅行の車中で教わった一人さんの興味深いお話や、旅先で交わした対話などをご紹介しているんですね。

そんな講演会の内容を柱に、さらに一人さんにたくさんの質問に答えていただきながら生まれたのが本書となります。

この本の大きなテーマの一つは、

「常識を疑い、あなたにとっての正解を手に入れる」こと。

世界には、長い歴史のなかで作られた、「常識」という名の「手かせ」「足かせ」がたくさんあります。

時代はどんどん変化しているのに、なぜか世の中には「その考え方、もう古くない？」「なぜそれが常識なの？」と思うようなことがいつまでも廃れず残っています。

多くの人の心が、「ハテナ？」な常識でがんじがらめになっている。

そんなわけで、一人さんは長きにわたり僕たちに、

「必要のない常識を捨てるための楽しい教え」を伝えてきてくれました。

この本では、そのなかでも最新の「脱常識！」のポイント、コツを、ふんだんにご紹介しています。

常識という生きづらさの原因を取り除き、みんなが軽やかで充実した人生を生きられること。

その先には、常識では見えないはずの龍神様の背中が立ち現れます……。

そんな、一人さんの愛がいっぱい詰まった一冊となりました。

なお、一人さんは誰に対しても「俺に気を遣ったしゃべり方をしなくていいよ」と言ってくれます。そのため、僕はふだんから一人さんに対して、まるで実の父親（それ以上かも⁉）のように甘え、気楽に接しています。

つまり、あまり敬語も使っていないということですね（笑）。

もちろん、文字にしたときに不快感のないようできるだけ注意は払っていますが、たまに「素《す》」が出て、みなさんが「え!?」と思うことがあるかもしれません（笑）。

そのときは、「一人さんに心をゆるしているんだなぁ」という、温かい目で見ていただけるとうれしいです。

それではみなさん、常識を疑ってかかる覚悟は整いましたか？（笑）

楽しい常識破りの時間の始まりです！

斎藤一人　龍の背に乗る生き方

龍の背に乗る生き方　もくじ

第2章　「笑顔」こそ人生の万能薬だよ……43

第3章 「嫌なこと」を今すぐやめな……81

第4章 「ふわふわ」の言葉が大成功をもたらすよ……113

装画　斎藤一人
装丁　田栗克己
構成　古田尚子
編集　髙畑　圭

第1章

「心の軽さ」が運命を決めるんだ

俺の人生、めっちゃハッピー☆

僕はよく、「タツヤ部長っていつもめちゃくちゃ元気ですね!」と言われます。

確かに僕は声が大きいほうだし、昔から「声が通りやすい」とも言われてきました。しかも、自分で自分の話にウケてすぐ笑っちゃうし(笑)。

いつもテンションが高く見えるみたいで、何度か僕に会った人は、

「タツヤ部長は、落ち込むことってありますか?」

「昔からそんなに元気なんですか?」

って聞きたくなるんだそうです(笑)。


お答えしましょう。

僕は昔も今も超元気だし、落ち込むことも、基本ありません(笑)。

生まれてこのかた、ずっとテンション高いしめちゃくちゃ元気。

子どもの頃から、「俺の人生、めっちゃハッピーじゃん☆」を地でいっていたタイプなのですが、20代のときに一人さんと出会ってからは、ますますその感覚に拍車がかかっちゃったみたいです（笑）。

悩みの種が出てきても、「ま、なんとかなるっしょ！」って笑い飛ばして生きているので、その種が悩みに発展することがないんですよね。

心は子どものまま、大人になったみたいな感じでしょうか（笑）。

とにかく僕はずっとそんな生き方をしてきたし、まさに「類は友を呼ぶ」で、つき合う友達もみんなそういう性格（笑）。

だから自分のなかでは、「悩みがないのは当たり前」みたいな感覚だったわけです。

それが、一人さんの教えを学び始めてから気づいたんですね。

「ひょっとして俺は、無意識のうちに一人さん流の考え方をしていたんじゃないか？」

って。

そこで本章では、そんな僕の人生を象徴するようなエピソードをご紹介してみたいと思います。

ボッコボコに殴られているのに大爆笑!

その昔——僕がまだ10代の、やんちゃ盛りの頃のこと。

今より何倍も元気だった僕は、あり余る体力を持て余し、毎晩、夜も寝ないで友達と遊んでいました(笑)。

といっても、僕が生まれ育ったのは栃木の田舎町。都会のように遊ぶ場所があるわけでもなく、商店も夜になると全部閉まります。

暗くなれば、町も静まり返る。そんな場所ですから、仲間が誰かの家に集まってゲームをしたり、マンガを読んだり、ダラダラおしゃべりをしたりする程度。

うちは両親ともに寛容で口うるさくもなかったので、自然と僕の部屋が仲間のたまり場となり、夜になると誰かしら友達が遊びに来るようになりました。

実は、僕は7人兄弟のいちばん上。

つまり、6人の弟や妹がいるわけですが、その弟妹たちがまだ小学生なのに、そんなのおかまいなしに僕の部屋では毎晩ドンチャン騒ぎ（笑）。

当たり前ですけど、うるさくて弟妹たちが寝られません（笑）。

そうなると、いつもは自由にさせてくれている両親も口を出したくなりますよね。

ある夜、ついに堪忍袋の緒が切れた親父とお袋が、2人して僕の部屋に怒鳴りこんできました。

「お前、毎晩なにやってんだ！」

うちの親父ってすごく口数の少ない人で、ふだんは本当にもの静かなんですよ。

その親父が、「こいつにはもう拳でわからせるしかない」という殺気立った表情で怒りに震えている。

さすがの僕も、「これは最大のピンチだ」と怯《ひる》みました。

そんなシーンって、昔からホームドラマなんかでもよくありますよね。父親が息子に激怒する場面になると、必ず母親が助け船を出すっていうアレ（笑）。母親が父親の前にひざまずいて、「お父さんやめて！　私の教育が行き届いてないせいです」「私がちゃんと言い聞かせますから」とかって子どもをかばうでしょう？

てっきり僕も、お袋がそのイメージ通りにかばってくれると思ったんですね。で、「そこまでして止めてくれるんだったら、俺もまぁ今回は引き下がるか」なんて考えたりしていて（笑）。

しかし、……甘かった（笑）。

いよいよ親父が殴りかかってきて、予想通りサッと動いたお袋がなにをしたかというと、「さぁ、お父さん！」と言って僕を羽交い締めにしたんですよ（笑）。いや、どういうこと⁉︎　話が違うじゃないか、おい！　って（笑）。

考えていた展開とのあまりのギャップに、もう笑いが止まらなくなっちゃった

（笑）。

殴られて痛かったはずだし（もちろん親父は手加減してくれていましたよ）、両親にだって腹が立ちそうなものなんですけど、そのときは「テレビの見過ぎだった！」って笑いをこらえるのに必死（笑）。

過去は自分に都合よく書き換えな

殴られているのに、なぜか「楽しかった記憶」しかないこのエピソード。

それがどうしたんですかっていうと、実は一人さんの言う、

「過去を変えな」

という話につながります。

親父にボコボコにされた経験って、普通だったら嫌な過去だと思います。それが、僕の場合は大爆笑のおもしろい過去でしかない。

いいえ、ひょっとしたらあの当時は、親に対する反発心なんかもあったかもしれません。だけど、今振り返ると、そんな記憶は全然ないわけです。

この差はつまり、過去は全部、自分の「思い」次第だよってことです。

講演会に来てくれたかたに親御さんについて聞くと、よくこんな言葉が返ってきます。

「うちの親は、勉強、勉強って口うるさかった」

「しつけと称して、親に殴られました」

「いつもイライラしている親でした」

「親の押しつけばかりで、子ども時代は嫌な記憶しかありません」

もちろん、親御さんにも問題があったのかもしれない。

だけどこういう嫌な記憶って、事実をそのまま記憶しているだけだと、思い出すたびに暗く、重苦しい気持ちになりますよね。

一人さんの「過去を変えな」というのは、

「思い出していい気分になる話だったら、事実を事実のまま記憶しておけばいい。

でも、**思い出すたびに嫌な気持ちになる事実は、事実のまま握りしめてる必要ってあるのかい？**

嫌な気分になるくらいなら、たとえ親に殴られてばかりだったとしても、10回殴られたうちの7回は殴り返してやったことにしたっていいじゃない（笑）。

別にそのことを誰かに証明する必要もないんだしさ」

という話なんです。

えっ、一人さんって生徒会長だったの!?

人間の脳はかなり高度だと言われますが、実は案外、いい加減なところもある。

記憶を書き換えるのは、そう難しいことじゃないよって一人さんは言います。

「知ってる人も多いと思うけど、俺ね、小学校も中学校もほとんど学校へ行ってなかったんです（笑）。勉強が嫌で嫌で、授業が苦痛だったの。

友達には会いたいから、学校へ行くこと自体は嫌じゃない。だけど勉強はしたくない。それで遅刻して登校したり、給食だけ食べて帰ったりするだけで、まともに授業を受けたことはないんです（笑）。宿題だってしないし（笑）。

そんな俺が生徒会長なんてはずないのに、大人になってから、〝俺が生徒会長だったときはさ……〟〝俺は生徒会長だったから〟なんて笑い話で冗談を言い続けていたら、やがてそれを聞いていた友達が、みんなその話を信じるようになっちゃった（笑）。

何度も言い続けているうちに、みんなの記憶が書き換えられてしまったんだよね。過去の記憶って、それくらいアテにならないものです。人間の脳も、いい加減なところがあるんだね（笑）。

だから、**嫌な過去なんて、頭のなかでいくらでも好きに書き換えちゃえばいい。**

そのことで誰かに迷惑をかけるわけでもないし、思い出すたびに笑っちゃうくらい、自分に都合よく楽しい記憶に書き換えたらいいよ。

記憶を書き換えるっていうと難しく感じるけど、要は〝思い〟を変えるんだよね。一人さんなんて、いつも自分に都合よく思いを変えてきたよ。

病気一つとってもそうだし、ちょっと外出先で嫌なことがあっても、全部楽しく考えたり、笑い話に変えたりしています。

で、そういうのはもはや俺の日常生活の一部だから、いちいち〝コレ〟というエピソードすら思い出せないくらいなの。毎日でも記憶を書き換えているから、エピソードが多すぎて覚えていられないんです（笑）。

というか、〝あのときは……〟なんて思い出せるくらいなら、まだまだ〝思い〟を使いこなせてないのかもしれないよね」

恐怖！　出刃包丁を突きつけられて「カネ、カネ」

もう一つ、別のお話をしますね。

僕は20代の頃に、コンビニエンスストアを経営していたことがあります。

当時もコンビニは基本的に24時間営業だったのですが、深夜の時間帯については、アルバイトさんにお願いするとどうしても人件費がかさみます。ということで、体力があって夜寝なくても平気な僕は、自分で深夜の店番をしていたんですね。


そんなある夜のこと。深夜2時頃、お客さんが途切れたのでトイレ掃除をしていると、出入り口のチャイムがピンポ～ンと鳴ったんです。

お客さんかなと思ってお店に戻ると、棚の陰に人影が……。

その人物と目が合った瞬間、ギョッ！

なんと、布でぐるぐる巻きになった顔から、目だけがギョロリとのぞいていたんです。しかも手には出刃包丁！

そうです、強盗です。

次の瞬間、強盗犯は僕のおなかに出刃包丁を突きつけてきました。

外国人を装うためなのか、日本人がわざとカタコトの日本語を話しているような、

「カネ！　カネ！」

どこか不自然なイントネーションでお金を要求し、レジのほうへ行けと合図します。

若さゆえに怖いもの知らずだった僕は、一瞬、「押さえつけて捕まえようかな？」という考えが頭をよぎりますが、こういうときのために、コンビニには防犯マニュアルがあります。マニュアルでは「犯人を刺激すると逆上して命を狙われることがある。絶対に抵抗してはいけない」というのが鉄則。

やはりここは自分を抑えようと思いながらレジのお金をかき集めていると、強盗犯が今度は灰色に塗装されたスプレー缶を取り出し、それを見せながら「俺は死ぬのなんか怖くない」と言います。

まるでおもちゃのようなスプレー缶は、ただの脅しのようにも思えます。それでも、「まぁ、ここはマニュアル通りに」と自分に言い聞かせながら黙ってお金を渡すと、強盗犯はすぐに店の外に停めていた自転車で逃走しました。

その後は、通報を受けた警察官がすぐに駆けつけてくれ、パトカーを緊急配備したり、検問で聞き込みをしたりとずいぶん捜査していただいたのですが……残念ながら、強盗犯が捕まることはありませんでした。

栃木の田舎ということもあり、場所柄、自転車でちょっと走ればすぐに山林に身を隠すことができます。また、こちらは顔も見ていませんから、逃げる途中で服装を変えられてしまうとお手上げです。

強盗犯が自転車で逃げたときは、「え、強盗犯って自転車で来ることあんの!?」ってズッコケだったのですが、してやられました。

結局、事件は未解決のままお蔵入りになったのです。

謎のスプレー缶……実は手榴弾だった！

動きがあったのは、事件から10年以上が過ぎた頃です。
縁あって、僕は「オフィスはなゑ」で働き始めることになり、その頃は住まいを東京に移していました。その住まいに、ある日突然、東京の警察署から電話がかかってきたのです。

「昔、コンビニを経営されていた鈴木さんでしょうか？」
「コンビニ強盗に遭われましたか？」

話を聞くと、「最近逮捕した人物が、取り調べの最中に〝昔、栃木でコンビニ強盗をした〟と白状した」と言うのです。

すぐに電話のあった警察署へ駆けつけると、警察官がこう聞きます。
「当時、強盗犯はスプレー缶を持っていませんでしたか？」

おもちゃのようなスプレー缶を持ち出して脅されたことは、10年経ってもはっきりと記憶に残っていました。「スプレー缶を見せながら、〝俺は死ぬのなんか怖くない〟と言っていました」と警察官に伝えると、

「鈴木さん、それは命拾いしましたね！　運がいい」

と言われたのです。

実はその犯人、東京で逮捕された一件でも同じようなスプレー缶を持っており、警察で調べたところ、なんと自家製の手榴弾《しゅりゅうだん》！

犯人がその気になっていれば、間違いなく爆発していただろう……という、とんでもない危険物でした。

警察官も、しみじみ「当時、強盗犯を刺激しなくて正解でしたよ」って。

この件を通じ、僕は久しぶりに事件のことをじっくり思い出してみました。

あのとき、僕は何度も湧き上がった「強盗犯を押さえつけてやろうか」という感情を抑えられたのは、うまく言葉にできないのですが、なにか「こいつだけは刺激

しちゃいけない」っていう、ただならぬ雰囲気を感じたからなんですよね。強盗犯ということだけでも普通じゃないですけど、それ以上に、不穏なものを感じていた。

当時、僕も若くて血気盛んでしたし、腕力にも自信があったので、ともすれば強盗犯につかみかかっていた可能性もありました。でも、あえてそれをしなかったのは、「ピンと来るなにか」に救ってもらったんだなぁって。

あのとき、自分の感情に負けて強盗犯に抵抗をしていたら、手榴弾を爆発されていたかも……と思うと、やっぱり背筋がゾッとします。

嫌なことって事故みたいなものだよ

そしてもう一つ、コンビニ強盗のエピソードを通じて強く感じたのは、

「嫌なことって事故みたいなものだよ」

という一人さんの教えです。

マジメな人って、ちょっと嫌なことが起きると「自分の波動（周波数）が悪いせいじゃないいかな？」なんて考えがちなんですね。

だけど、嫌なことは自分の波動に関係なく事故みたいに起きることがあるし、いちいち「自分が悪い」と落ち込まなくていいんだって一人さんは言います。

「もちろん、あなたがいつも暗いことばかり考えているとか、愚痴や文句ばかり言ってるとかで自分で波動を悪くしているのなら、それが不幸を呼び寄せることはあるだろうね。〝類は友を呼ぶ〟という言葉があるように、同じような波動を持つ相手、同じような波動の出来事が引き合うのがこの世のルールだから。

だけど、いくら楽しい波動、明るい波動を出している人でも、突発的に悪いことが起きたりすることもある。

これだけ毎日楽しく生きてる一人さんにだって、突発的に〝あちゃ〜〟ってことはあるの。一人さんにはなに一つトラブルが起きないと思ってる人もいるみたいだけど、そんなわけない（笑）。

生きていれば、みんないろんなことがある。

でもね、悪いことが起きたからって、それは自分が引き起こしたことじゃないんです。やっぱり、偶然が重なって不意に問題が起きることもあるの。ただそれだけのことだよ。と思ったほうがいいんです。

大事なのは、嫌なことが起きたときにどう対処するかだよ。

単なる事故みたいなものだなって軽く受け流せる人は、その嫌なことに引きずられることはないの。

それをいちいち、〝これは自分のどんな波動がダメだったんだろう〟〝この悪い出来事は、自分への警告だろうか？〟なんて考えだすから、その後も悪いことが続くんです。

重苦しい考え方をすれば、次もまた重苦しくなるようなことが起きるのは、波動の法則から言えば当たり前のことだからね。

嘘だと思ったら、試してみな。起きたことをいちいち引きずらず、スパッと明るい考えに切り替えたら、もう同じような重苦しいことは起きません。

というか、いちいち落ち込んでいられると周りも迷惑だしね（笑）」

波動がよければ大難も小難に変わるんだ

一人さんにコンビニ強盗の話をしたとき、こんな話をしてくれました。


「タツヤ（一人さんは親しみを込めて、僕のことを〝タツヤ〟と呼びます）ってさ、手榴弾を持った強盗に襲われても、ケガ一つなかったんだよね。そういう運のよさっていうのは、タツヤの波動だろうね。

タツヤの心の軽さっていうか、明るい波動のおかげだったと思うよ。

日頃からいい波動でいることを心がけている人でも、事故みたく嫌なこと、悪いことは起きる。けどね、**明るい波動の人は、その後が全然違ってきちゃう**んだよ。

どんな大難だろうと、小難に変わる。

だから、起きたことを〝この程度で済んでよかった〟と思って軽く受け流しな。

タツヤみたく災難を笑い話にしちゃえば、さらにいい波動になるだろうね」


コンビニ経営をしていた当時、僕はまだ一人さんに出会っていないので、一人さんの教えも知りませんでした。波動のことも、全然わかってなかった。

ただ、持ち前の明るさで強盗事件のことも笑い飛ばしてきたし、今だってこうして笑い話にしているんですよね。

そもそも、強盗に襲われた瞬間ですら、「なんだこいつ?」って軽く構えていたくらいですから（笑）。


でも、今になってこうして一人さんの話を聞くと、そういう僕だったから、あんな危ない目に遭っても無傷でいられたんだなぁってわかります。なぜか「ピンと来るもの」に守られたのは、明るい波動のおかげだったと確信しています。

だからみなさんも、波動が悪いから変なことが起きるだなんて思わないほうがいい。

本当に波動のいい人なら、どんなに悪いことが起きても、そのなかで大事に至らない道に導かれるものだから。

一人さんの言うように、**波動のいい人は必ず、大難が小難に変わる。**

ということを、絶対に覚えておいて欲しいです。

対談❶

「軽さ」が人を惹きつける魅力なんだ

斎藤一人×鈴木達矢

鈴木達矢（以下、タツヤ）　ありがたいことに、僕の講演会も回を重ねるごとにたくさんの人に来ていただけるようになり、ずいぶんリピーターさんも増えました。

斎藤一人（以下、一人）　タツヤはさ、講演会を始めてから人気度が、すごい勢いで上がってるよね。

タツヤ　そうでしょうか（照）。ここ2年は、コロナウイルスの影響で対面での講演会がなかなかかなわず寂しく思っていますが、それでもオンライン講演会にはいつも大勢のかたが参加してくださるので、すごくうれしいですね。

僕のほうが、みんなの笑顔に支えられています。

一人 なぜ、みんながタツヤの講演会に興味を持ってくれるかって言うと、楽しくて軽いからだよ。第1章のエピソードなんかも、いかにもタツヤらしいんだけど、起きること全部明るく、軽く受け取るでしょ？

嫌なことでも、さらっと受け流すよね。

タツヤ まぁ、僕は大抵のことはなんでも笑い飛ばしちゃうから（笑）。

一人 そこだよね。タツヤみたいな軽やかな人の話ってさ、悩みを抱えている人の心まで軽くしちゃうんです。

暗い気持ちの人にとって、タツヤの明るさは灯台みたいなもので、「こっちへ行けば、人生が明るくなりそうだ」って人が集まってくるんだよ。

明るくて軽いのは、人を惹《ひ》きつける魅力なの。

それに、だいたいタツヤは優しいしな。誰に対しても態度が変わらない。言葉にすると簡単なことのように感じられるかもわかんないけど、ちょっとやそっとじゃ身につけられないすごい魅力だよ。

そういう、いつも笑顔で優しいタツヤだから、みんなの人気者になるんだ。人気が出て当たり前なの。

最近じゃ、「一人さんとタツヤさんは、よく似ていますね」なんて声も聞くよ。俺に似てきたってことは、ますますタツヤの魅力が増したってことだろうね。俺ほど魅力的な人間はいないから（笑）。もちろん冗談だよ（笑）。

でね、人間性の優れた人がいると、世間ではよく、「ご両親の育て方がよかったんですね」なんて言われるの。もちろんそれもあると思うよ。

だけどやっぱり、こういうのは当人の素質がいちばん大きいと思うな。

タツヤ　一人さんはいつも、目の前にいる人のいいところを、こうやってたくさん褒めてくれます。それって、めちゃくちゃうれしいんですよ。

ナイショの話、僕は若い頃にバイクでぶんぶん走り回ったりして、大人の手を焼かせたこともあります（笑）。だけど、「こんな俺でも一人さんにかかればここまで褒めてもらえるんだなぁ」って幸せな気持ちになる。自分が好きになれるんです。

一人　タツヤを見てると、もともと自分を大好きだったと思うけどね（笑）。昔から底抜けに明るくて、自分が自分のいちばんの味方だっただろ？ダメな自分ですら、かわいかったんじゃないかい？

タツヤ　あ、確かに（笑）。

一人　ダメなところでも、ダメと思わず愛せる人は、神様に味方してもらえるの。それはどういう人ですかって、タツヤみたいな明るさと軽さがある人だよね。明るくて軽い人ってさ、根底に愛があるから、若い頃に少々やんちゃだったとしても、弱い者いじめなんかは絶対にゆるさないものだよ。人を傷つけたりしない。

ワルそうに見えても、実は優しい兄貴なんだよな（笑）。弱い者いじめなんてロクなもんじゃない。弱い者は、かばってあげなきゃいけないの。弱い者いじめは、この世でいちばん、神様が嫌うことなんだ。

タツヤ　僕は7人兄弟のいちばん上だったせいか、やっぱり自分より弱いものは守ってあげなきゃっていう感覚は昔からあったかもしれませんね。

一人　だから神様に味方されて、強盗に出刃包丁を突きつけられたり、手榴弾で脅されたりっていう地獄みたいな場面でも、うまくかわしてケガ一つなかったんだと思うよ。

軽さのある人って、どんな地獄でも笑えるんです。

というか、「一歩間違えたら地獄だった」ってことはあっても、その一歩を間違えないから地獄を見ることもないんじゃないかな。

不幸になんてなりようがない。こういう人は最強なんです。

第2章

「笑顔」こそ人生の万能薬だよ

その笑顔はまだ5点ってとこだな

一人さんの教えを学んでいるかたは、幸せになるためには笑顔が欠かせないことをよくご存じだと思います。だから一人さんファンの人はよく笑うし、笑顔もすごくいい。そんな印象です。

ところが、どんなにいい笑顔の人でも、一人さんに言わせると、「笑顔のできがまだまだ」なんだとか（笑）。

「〝この人はいい笑顔だなぁ〟と思う人でも、俺から見ると、そうだなぁ……１００点中、５点ってとこかな（笑）。

１００％の実力があるとしたら、みんなまだ５％くらいの笑顔しか出せてない（笑）。

でもね、それで落ち込むことはないよ。だって、今５％ってことは、あと95％も

伸びしろがあるってことでしょ？（笑）
あなたは成長期なんです。

100％の笑顔とはどんな顔ですかって、周りがほれぼれするような笑顔だよ。で、俺が今まで生きてきたなかで、〝この人の笑顔は最高だなぁ〟〝これは100％の笑顔だな〟と思ったのは、自分が笑ってる顔だけだね（笑）。これも冗談だけど（笑）。

それくらい、まだまだみんなは笑顔が足りないんです。


動物には、ほとんど表情らしいものがないでしょ？　多少はあるとしても、人間ほど表情が変わるわけじゃない。

なぜ人間がこんなに表情豊かなのかっていうと、それが必要だからなんだよね。

理由はわからないけど、人間には表情が必要だから、神様がそういうふうに作ってくれたんだと思うよ。

特に、**笑顔には人を惹《ひ》きつける不思議な力がある。**だからこそ、笑ったときには大きく表情が変わるんだ」

笑顔一つでいくらでも成功できるよ

人間関係をスムーズにしたい、仕事で成功したい、仲のいい家族にしたい、……そのどれもが、笑顔一つで叶えられます。

人間の営みは、すべて笑顔がカギ。

笑顔は、「幸せな人生」の大黒柱みたいなものなんです。

一人さんは言います。


「笑顔って誰もが持っている武器だし、**笑顔一つでいくらでも成功できるんだよ。**

ということを、俺は小さいときから知っていたんです。

うちはお袋が商人だったから、商売でもなんでも笑顔が大切なんだなぁってことを、日常生活のなかで実感していたし、身に染みてわかっていたの。

というか、そもそも俺はブスッとした顔が大嫌いだからね。怒った顔なんて、見てるだけでものすごく嫌になる。

みんなだって、怒ってる人は怖いでしょ？

怒ってる人がそばにいると、気分が悪くなるでしょ？

機嫌の悪いのが好きという人はいないと思います。

俺はそれに輪をかけて、不愉快そうな人の顔が大嫌いなんです（笑）。

だから一人さんって、自分でも最高だと思うくらいの笑顔なの。

あとね、よく〝人間、愛嬌があれば人生トクするよ〟なんて言われるでしょ？

その愛嬌っていうのも、やっぱり笑顔のことなんだよ。

愛嬌……つまり笑顔とは、すべてがうまくいく材料なの。昔から言われるように、笑顔があればなんでもうまくいきます。

いつも笑顔の人はみんなに愛されるし、かわいがられる。人の心を和やかにするの。

愛嬌たっぷりの人って、たとえば仕事でミスをしても周りが助けてくれるだろうし、大抵のことはゆるされちゃうよね。みんなから、〝この人だけはなぜか憎めない〟って思ってもらえるんだ。

そういう人がトクしたり成功したりするのは、当たり前だよね」

入れ歯が飛び出す勢いで笑いな（笑）

一人さんが言うのは、

「人の心をつかむ程度の笑顔じゃダメだよ。

相手の心をわしづかみにするくらいじゃなきゃ」

という笑顔なんですね。

だから、普通に見るといい笑顔の人でも、一人さんにとっては「まだ5点程度だな」ということになる（笑）。

そこで、100点の笑顔に近づける秘訣《ひけつ》を一人さんに聞いてみました。

「人からどう見えるだろうか、ヘンな顔になってないだろうか、みたいなことは考えないで**思い切り笑うこと**だね。入れ歯の人だったら、それこそ入れ歯が飛び出ちゃう勢いで笑いな（笑）。いや、ほんとだよ。

目の前の人の心をわしづかみにしようと思ったら、それくらいじゃなきゃ。

まずは、〝入れ歯が飛び出すような笑顔って、自分だったらどんな笑顔だろう〟って練習してみるといいよ。どんな笑顔だったら相手の心をとりこにできるかなって、自分で考えてごらん。家で何回も練習してみな。

人の心をわしづかみにしようと思ったら、その場しのぎのぎこちない笑顔じゃダメなんだよ。相手の度肝を抜くような明るい笑顔で、なおかつ自然で軽やかじゃなきゃいけない。

その点、タツヤは相当いい笑顔だから、みんなも講演会やなんかでタツヤの笑顔を研究してみるといいですよ」

いきなり最高の笑顔ができなくてもいい。

一人さんが、「最初は般若《はんにゃ》みたいな笑い方でもかまわないから（笑）、自分をダメだと思わないで練習してごらん」と言うように、笑顔も練習あるのみです。

勉強や運動って、練習すればだんだんうまくできるようになるでしょう？　笑顔もそれと同じ。

練習を繰り返すうちに、必ず「すごく自然なのに破壊力バツグンの笑顔」ができるようになりますからね。まずは最初の一歩、鏡の前で笑ってみてくださいね！

「よくなりたい」と思う人だけ成長できる

思い切り笑った顔は、どんな笑顔よりもすてきです。

歯茎がむき出しでもいい。鼻の穴が膨らもうが、入れ歯が飛び出そうが関係ありません（笑）。笑顔が輝いていると、その歯茎も鼻の穴も、入れ歯が飛び出すことさえも、全部あなたの魅力に変わるから。

同じ顔なら、笑顔のほうがいいに決まっています。

同じ笑顔なら、心をわしづかみにする笑顔のほうがいいに決まっている。

誰だって、笑顔のほうがいいに決まっていますよね。

だから思いきり笑えばいいし、笑うと決めたら、とにかく笑ってみる！

それでも人目が気になる、笑顔に自信が持てない人のために、一人さんがこんなメッセージをくれました。

「過去に、周りから、〝あなたは目つきが悪いから、笑うと怖い〟と言われ、笑うことに大きな抵抗感を持った人がいたんです。

笑うと怖がられる顔を、どうしたらいいですかって言うんだよね。

あのさ、あなたはいつから人の言うことを聞くような、素直な人間になったんですかって（笑）。

人を平気でけなすような嫌なやつの言うことを、真に受けるのかい？

嫌なやつの言うことなんて、無視すればいいんだよ。相手の言葉に反応して落ち込んでると、それこそ相手の思うつぼだからね。

あと、なにか言われたら、〝あなたはずいぶんご立派なお顔なんですね〟とかなんとか言い返してやればいい（笑）。

たとえ言い返せなくても、そう思っているだけで強い波動が出る。そうすると強い波動が相手に伝わって、なぜか嫌なことを言われなくなるんです。

嫌なやつってさ、弱い波動を出してる人を攻撃してくるものなの。弱い者いじめをする人間は、自分が弱いから、自分より弱い相手をいじめることで自分を強く見せたいだけなんだよね。

だから、相手より強い波動を出せば一発で効く。

というか、本当にあなたの目つきが悪いんだとしたら、笑わなかったらもっと怖いと思うけどね（笑）。

目つきが悪いから笑っちゃいけないんじゃなくて、目つきが悪い人ほど笑わなきゃダメなんじゃないかな。そういう人ほど、入れ歯が飛ぶ勢いで笑わなきゃ（笑）。

目つきが悪いから笑顔が怖いなんて、そんなわけないよ」

一人さんはいつも

「人間って、〝よくなりたい〟と思う人はいくらでもよくなれるよ。望めば誰でも、いいほうへ導かれるからね」

と言います。

笑顔にしたって、練習すれば誰でも素敵な笑顔になれるよって。

たまに、「私は仏頂面がしみついていて、笑顔がぎこちないです。それでも、練習すればみんなに好かれる笑顔になれますか？」と言う人がいます。

もちろん、心配ありません。

あなたが笑顔になりたいと思って練習すれば、必ず魅力的な笑顔になれます。

心配しないで、思い切り笑ってください。

商売って、まずは笑顔だよ

一人さんのもとには日々、

「商売のやり方を教えてください」

「どうやったら売上を伸ばせますか?」

といった、事業に関する質問がたくさん寄せられます。

特に2020年からのコロナ禍では、ふだんの何倍もそういった相談がありました。

一人さんと言えば、日本一の幸せ大商人。

しかも、コロナ禍という想定外のピンチに直面したとなれば、こうした質問をしたくなる気持ちはよくわかります。

でもね、一人さんの答えは昔からずっといっしょ。いつだってシンプルです。

どんな不況時でも「とにかく笑顔を徹底しな」って、それだけなんですね。

一人さんは言います。

「難しいことの前に、笑顔はできているかい？　**商売って、まずは笑顔だよ。**

世界中、調べたわけじゃないけど、少なくとも一人さんの知る範囲内では、笑顔の嫌いな人はいないんです。

もし誰か、〝私は仏頂面のほうが好きです〟〝怒ってる人の顔がたまらなく好きです〟という人がいたら、ぜひ連絡をもらいたいくらいだね（笑）。

それくらい、俺は笑顔が嫌いだって人を見かけたことがないし、そういう人がいるっていう噂すら聞いたこともないんです。

ということは、やっぱりこの世には、〝みんな笑顔が好き〟っていう法則があるんだよ。だったら、それを使わない手はないよね。

どんな人でも、心をわしづかみにするような笑顔を見たら気分がよくなって、〝なにか買うんだったらこの人から買おう〟〝この人が困っていたら助けてあげたい〟って思うものだよ。

同じものを売っているお店が2軒あって、仏頂面の店員さんがいるお店と、ニコニコ笑顔の店員さんがいるお店だったら、間違いなく選ぶのは後者でしょ？

やっぱり、笑顔のすてきな人がいるお店に行くと思うよ。

それに、あなたが笑顔になれば周りも喜ぶけど、あなた自身も気持ちいいでしょ？ **みんながトクすることは神様にも喜ばれるから、笑顔になるだけでなぜかいいことがいっぱい起きるものなんだよ。** わかるかい？

タツヤだってさ、講演会を開くとみんなが喜んできてくれるのは、タツヤの笑顔がすごくいいからです。リピーターになって何度も足を運んでくれるのは、それだけタツヤの笑顔が見たいからなの。

もちろん話の内容もおもしろいからだろうけど、それ以上に大事なのは、やっぱり笑顔だよね」

僕がマジメぶって笑わなくなったら、それこそ講演会は全然おもしろくなくなるでしょうね。というか、みんなに「タツヤ部長、どこか具合が悪いの？」「なにかつらいことでもあったんですか？」って心配されちゃうかも（笑）。

ということで、みなさんにご心配をおかけしないためにも、僕はこれからも大笑いで生きていこうと思います（笑）。

笑顔から逃げてると成功できないよ

今の話に通じますが、「実は商売のコツってないんだよ」というのが一人さんです。

世間には、売上を伸ばすコツだとか、口コミやリピーターを増やす方法みたいな、テクニックを駆使した戦略的な経営法がたくさんあります。そして多くの人は、そちらに気を取られやすい。

だけど一人さん的には「戦略ばかり追いかけても、笑顔から逃げちゃってると成功できないよ」って。


もちろん笑顔ができたうえで戦略を練るのはいいと思うのですが、笑顔になる努力もしないでマーケティングだの、数字の分析だのって、それじゃ外堀ばかり一生懸命埋めようとしているようなもの。

肝になる部分がスカスカのまま外堀を埋めても、いつかダメになってしまいます。

技術や秘策は有効ですが、その前にやることがある。

それが笑顔だと一人さんは言います。


「美空《みそら》ひばりっていう、昭和を代表するすごい歌手がいたんです。もう亡くなっているけど、美空ひばりが生きているとして、あなたに〝歌を教えてあげますよ〟と言ってくれたとする。

あなたは喜んで教わるんだけど、残念ながら、いくら教わっても美空ひばりのようには歌えないんです。ちょっとはうまくなるだろうけど、美空ひばりに教わったからって、同じように成功できるわけじゃないんだよね。

それがどうしたんですかって、商売も歌と同じだってことが言いたいの。

もともと勘がよくて商売に向いているとか、商売の才能のある人ってね、別に商売のやり方を人に聞かなくてもうまくできるんです。自分で〝こうかな？〟〝次はこうしてみよう〟って試行錯誤しているうちにうまくいく。

一人さんだって、誰かに商売のやり方を教わったわけじゃないしね。

じゃあ、商売のセンスや才能がない人はあきらめるしかないんですかって、そうじゃないよ。商売には、〝これだけは絶対やったほうがいい〟というのがあって、それが笑顔なの。

逆に言うと、いくら商売のセンスや才能があっても、笑顔を忘れてブスッとしているようじゃ成功できないし、**たとえセンスや才能には少々足りないところがあっ**

ても、笑顔が抜群だったら商売は絶対うまくいく。そういうものなんだ」

一人さんが言うように、笑顔があれば誰にでも商人として成功できるチャンスはある。ただし、当たり前ですけど商品や味がダメなのは論外ですよ（笑）。

笑顔はいいけど、商品（味）が悪すぎてちょっと……なんてお店じゃ、お客さんは逃げちゃうから（笑）。

いい商品を置いているとか、味がいいのは大前提。

ただ、最近はマズいお店をあまり見かけませんよね。食堂だって、洋服屋さんだって、「こりゃひどい」っていうのは滅多にない。

だとしたら、どういうお店が選ばれるだろうかっていう話ですよね。

あなたの笑顔が家庭を明るく照らすんだ

仕事に限らず、家庭でも笑顔が大事だと一人さんは言います。

「ブスッとした人が家にいるから、家庭のなかがず～んと重い空気になっちゃう。家族がギクシャクするのは、家のなかで笑顔が消えているからなんだ。

ひとりでも笑顔の人がいれば、その明るい波動がだんだんほかの家族にもうつります。そうすれば、ほかの家族にも必ず笑顔が出てくるようになる。だんだんギクシャクしなくなるの。

だから、**自分以外の家族が全員ブスッとしていても、あなただけはニコニコしてな。**

家のなかの雰囲気が全然違ってくるからね」

そして大事なのは、こういう話は「自分で理解した人だけが実践すればいい」ということです。

一人さんの話を聞いて、「じゃあ、私だけでも笑顔になってみよう」と思える人が笑顔に挑戦すればいいのであって、ブスッとした人を無理に笑わせようとする必要はありません。
一人さんの話は続きます。

「自分が笑顔でいても、旦那（奥さん）はブスッとしたままで少しも笑いませんっていう人は、そのままブスッとさせておきな（笑）。

あなたが相手の不快な波動に飲み込まれないようにすればいい。

不快な波動は、あなたの笑顔で黙って跳ね返すんだよ。そのうちに、きっと相手も変わってくるから。

もし変わらないんだとしたら、そういう相手とはスカッと別れて（笑）、気持ちよく新しい人生を踏み出しなってことだろうね。

いずれにせよ、あなたは幸せになるから心配ないよ。

笑顔のいい人で、人間関係がうまくいかないって話はありえないからね。安心して笑ってな」

ちなみに、一人さんは昔から「明るい波動を出したかったら、キラキラのアクセサリーをつけな」と言います。

もちろん僕もキラキラしたものは大好きだし、まるかんの仲間たちはみんないつ会ってもキラッキラ（笑）。遠くからでもまぶしいくらい輝いています（笑）。

でもね、それも笑顔あってのこと。

だって笑顔もないのにキラキラのアクセサリーをつけていたって、全然きれいじゃないでしょう？　ブスッとした人がキラキラしていると、逆に怖い（笑）。

身だしなみで魅力が底上げされるも、やっぱり笑顔あってのことなんですよね。

魅力は足の裏から出ないよ。やっぱり顔なんだ

好きな役者さんの出ている舞台を観に行くとします。

お目当ての役者さんが舞台上に出てきたとき、みなさんは、まずどこを見ますか？

頭でしょうか？　それともおなか？　足？　なかにはお尻が好きって人もいるか

な？（笑）

という冗談はさておき、恐らくほとんどの人は、まず顔を見ると思うんです。

一人さんいわく、「体のなかで、もっとも魅力の波動が出るのは顔だよ」だそうです。つまり、僕たちは無意識のうちに、いちばん魅力の出る部分を見ているんでしょうね。

魅力の波動と笑顔について、一人さんが興味深いお話をしてくれました。

「笑顔のいい人が、仕事でも人間関係でも全部うまくいくのは、顔から魅力の波動がドカンと放たれるからなの。

魅力の波動がいちばん出るのは顔だから、笑顔がいいと、目の前にいる相手に自分の魅力がダイレクトに伝わるんだね。

なぜ魅力の波動が顔から出るんですかって、神様が合理的に作ってくれたんだと思うよ。

だってさ、もし魅力が足の裏から出るんだとしたら、いくら魅力を出したって誰にも気づいてもらえないじゃない（笑）。足の裏からガンガン魅力が出るんですって言われても、靴を脱いだり、靴下を脱いだりして見せるわけにはいかないし（笑）。じゃあ、背中やお尻はどうですかって、これもいちいち服を脱いで見せなきゃいけないのは不便だよ（笑）。それに俺は、男の背中やお尻なんて見たくもありません。女性だったらいいけどさ（笑）。

やっぱり見えやすいのは顔だし、それがみんなにとっていちばんいい。

あとね、**一流になる役者さんと二流止まりの役者さんの違いも、やっぱり笑顔なんです。**

一流の役者さんというのは、舞台上からお客さんと目が合うと、絶妙なタイミングで笑いかけてくれるの。

それこそ、心をわしづかみにする、最高の笑顔や微笑《ほほえ》みを見せてくれるんです。

お客さんはその笑顔に撃ち抜かれちゃって、〝この人を応援したい！〟って思うの。

いっぽう、技術はものすごくあるのに、なぜかいま一つ一流になりきれない役者さんっているんだけど。

見てるとやっぱり、笑顔をないがしろにしているところがある。

舞台でお客さんと目が合おうがどうしようが、ニコリともせず演技に夢中になっていたりね。お客さんの心に寄り添えてないんだよ。

練習でも歌や踊りを磨くばかりで、いい笑顔の研究を二の次にしちゃってるの。

もちろん、歌や踊りだって重要だよ。それができてなきゃ一流にはなれません。けどね、同じレベルの役者さんがいて、目が合ったときに胸を撃ち抜くような笑顔を見せてくれる人と、目が合おうがどうしようが微笑みもしない人だったら、どっちを応援したいだろうかって話なんです」

一流の笑顔をまねすればあなたも一流だよ

一人さんも僕も、大衆演劇の恋川純弥《こいかわじゅんや》さんという役者さんが大好きで応援しているんですね。その純弥さんが、すごい笑顔の持ち主なんですよ。

一人さんが、「純弥さんは一流の役者さんだね」と太鼓判を押すだけあって、あれ以上の笑顔は見たことがないってくらい魅力的です。

その証拠に、舞台を観に行くと、特に女性のお客さんたちが発狂しちゃってもう大変（笑）。純弥さんと目が合うたびに、みんな「キャ〜♡」って大歓声です（笑）。

純弥さんの踊りは、本当に素晴らしい。いつも見事な舞を披露してくれますが、それでもやっぱり、あそこまでお客さんを熱狂させるのは踊りだけじゃない。純弥さんの笑顔だと思うんです。

機会があれば、ぜひみなさんも観に行っていただきたいのですが、女性客はみんな、あの笑顔に胸がギュ〜ンってなっちゃうらしいですよ（笑）。

男の僕ですら、ハッとさせられるような魅力がある。

一人さんは言います。

「純弥さんみたいな一流の役者さんの笑顔はどういう感じですかって、これは言葉で言い表すのが難しい。

だから、もし一流の役者さんが出る舞台やなんかを観に行くチャンスがあったら、どんな笑顔をするか、観察してみるといいですよ。よく見ていると、笑顔の違いってわかるから。ナルホドこういうのが一流の笑顔なんだなって、実際に見たらよくわかる。

それをまねして、自分の日常に取り入れてごらん。

一流の役者さん仕込みの笑顔ができたら、あなただってもう一流だよ」

一人さんが「魅力って笑顔だからね」と言うように、みんなが素敵だなぁって思う人は、やっぱり笑顔が最高なんです。

顔が美人だとか男前だとか、そういうのを超越するのが笑顔だし、最高の笑顔を出せる人は、どんな美人や男前にも負けない魅力がある。

それこそ、人の心をわしづかみにして離しません。

ただ、これもやっぱり重く考えないことがポイント。

笑顔が大事だよっていう話をすると、たまに「起きている間中、ずっと笑顔でいたほうがいいですか？」みたいな質問をする人がいるのですが、それは疲れちゃうからやめてくださいね（笑）。

ずっと笑顔でいるなんて無理だし、ひたすら笑顔でいることを目指してしまうと、ストレスでむしろ笑顔は消えちゃうんじゃないかな。それでは本末転倒です。

あくまでも無理せず、楽しみながら笑顔の練習をしてくださいね。

そして、ふだんは普通の顔でかまいませんので、仕事やプライベートで人に会ったときには、ぜひ練習の成果を出してみましょう。

「笑顔って人生の万能薬みたいなもの。
それなのに、みんなはどうして笑顔をないがしろにするんだい？」

今、一人さんがみんなにもっとも伝えたいのがこのメッセージです。
いちばん大事な笑顔が消えちゃってるよ。
幸せになりたかったら、まず笑顔だよ。
笑顔をないがしろにするのは大損だよ。
みなさんにも、ここで再認識してもらえたらうれしいです。

対談❷

あなたの笑顔が亡くなった人への供養だよ

斎藤一人×鈴木達矢

タツヤ 人は、大きな問題や不幸に遭遇すると、どうしても笑顔が消えてしまいますよね。仕方のないことだと思いますが……。

一人 なにが起きても笑ってられる人はいないよね。一人さんは落ち込むことなんてないけど、やっぱり人生には、大切な人が亡くなるなど笑えないときだってある。ただ、そういうときに笑顔が消えることが問題なのではなく、**いかに早く明るい気持ち、軽い心を取り戻し、笑顔になれるかが人生を左右する**んだよね。

タツヤ だからこそ一人さんは、人間がもっとも怖れる「死」について、僕たちに学ばせてくれるんですよね。僕もやっぱり、死については、できる限り学んでおくほうがいいと思います。

死について学ぶというのは、自分が死に直面したときや、大切な人に死が迫ったときの、怖れや喪失感についてどう対処するかというメンタル的なことです。

一人　まず一つには、人間の魂は永遠に死なないってことだよね。肉体には命の限りがあるので、いつか必ず死を迎えます。それは、ほかの動物だって植物だってみんな同じです。

だけど、肉体のなかにある魂には寿命なんてないから、何度でも生まれ変わる。この世で死を迎えることはあの世での誕生、あの世で亡くなるとこの世に生まれてくる……ということを、俺たちは何百回、何千回と無限に繰り返すんだよ。

タツヤ　一人さんや僕の魂がいつ誕生したのかはわかりませんが、ひょっとしたら、もう何万年と生きてる可能性もありますね（笑）。……いや、一人さんの場合は神

がかっているから、何万光年とかそんなレベルかも⁉
そう考えると、いきなり死への恐怖心が薄れますね（笑）。

一人　だろ？　それとね、これも何度もみんなに伝えてきたことだけど、**深い縁のある相手とは「ソウルメイト（魂の仲間）」の関係にあるから、今世《こんせ》だけの関わりじゃないんです。**間違いなく、魂同士はずっと寄り添いながら生きてきている。

今世はあなたのお母さんでも、前世ではあなたの夫だったかもしれないし、来世ではあなたの子どもになるかもしれない。でも、肉体のなかに入っている魂はずっと同じだし、ずっと生き続けています。

ソウルメイトとは離れることはないから、今世死に別れても、またあの世へ行けば会えるし、来世でもこの地球でともに人生を楽しめるんだよ。

タツヤ　今ここで肉体が死んだからって、それが永遠の別れになるわけじゃない。「あの世で待ってるよ」っていう、しばしのお別れですね。

一人　そういうこと。人にはそれぞれ、自分で決めてきた寿命があるの。その区切りがきたら今世は終わるけど、**大切な人とはすぐにまたあの世で会えるから心配ないよ。**

タツヤ　コロナ禍では急に病気で亡くなったり、コロナの影響で家庭や仕事が立ちいかなくなったことで、生活苦や精神的に追い詰められて自殺を選んだりする人も増えました。

そのことで残された家族も「死に目に会えずに悔いが残る」「もっとしてあげられることがあったのに」「ちゃんと話を聞いてあげたらよかった」って、暗闇からなかなか抜け出せないままでいる人も少なくないようです。

一人　コロナ禍という予想外の事態のなかでは、大切な人の死をなかなか受け入れられないかもしれないね。ただ、さっきも言ったように、人は自分で寿命を決めて生まれてきたの。「今世は、○歳のときに△△の理由で亡くなる」って、それぞれの魂が自分で決めてきているんです。

病気や事故、老衰、自殺といったさまざまな亡くなり方はあるけど、みんな寿命だよ。

あのね、自殺も寿命なんですかって思うかもわかんないけど、それも例外ではない。

自殺未遂ってあるでしょ？　同じように死のうとしても、亡くなる人とそうでない人がいるのは、寿命かどうかの違いなの。

亡くなる人は、どんな理由であれ、みんな寿命が来たと思っていいんだ。

タツヤ　大切な人が亡くなると、「どうして助けられなかったんだろう」って自分を責めてしまう人がいます。

亡くなった人は寿命だったんだと思えば、残された人の苦しみも軽くなりますね。

一人　天命を全うしたんだから、残された人が自分を責める必要なんてないよ。

いつまでも悲しみを引きずっていると、そのほうがあの世にいる人の負担になっちゃうの。だから幸せに生きな。楽しく暮らしな。そういうあなたの姿を、亡くなった人はあの世から、「おっ、今日も笑顔だな！」って楽しく見ているからね。

あなたが明るく生きることが、亡くなった人へのいちばんの供養なんです。

と言うかむしろ、「魂は生きているんだから、供養もなにもないよね」くらいの気持ちでいてもいいと思うしね（笑）。

タツヤ　そういう意味では、実は我々って、あんまりお墓参りは行かないんですよね。

あんまり行かないっていうより、……全然行かないかな。

一人　行かないね。もちろん、俺たちが行かないってだけで、お墓参りを否定しているわけじゃないですよ。お墓参りはいいことだから、行きたい人は好きなようにお参りすればいいし、それがいちばんなの。

正しいとか間違いという話ではなく、一人さんの場合は、大切な人はみんな俺の心のなかで生きているから、お墓参りをしないってだけ。

タツヤ　お墓参りに行くと、急に「この人は亡くなったんだ」って現実に戻っちゃうんですよね。大切な人の死がリアルになるというか、思い知らされるというか。

一人　たとえば、大切な人が海外にいたり、日本のなかでも離れた場所に住んでいたりすると、生きてたってなかなか会えないでしょ？　コロナ禍では、とりわけ人と人との距離ができたから、家族ですらそう簡単に対面できなくなったよね。だけど、会えないからって泣き暮らすわけじゃありません。会えない相手のことは、「あっちで元気にしているだろう」って思うじゃない。

それと同じで、俺は亡くなった人に対しても、どこか遠くで元気にやってるだろうって、勝手に思っているんです。そう思いたいから、現実に引き戻されるお墓参りはしないだけのことなの。

別にどっちだっていいんだよ。お墓参りをするのも供養だし、亡くなった人のことを忘れるくらい楽しく生きるのも供養。一人さんみたく、どこかで元気にやってるだろうなって思いながら相手の存在を感じて生きるのも供養だから。

どんな形の供養でも、自分が気楽に明るくいられるほうを選んだらいいよ。それが一人さんの考えだからね。

タツヤ　という話をしてもなお、「大切な人の死を、どうしても寿命とは思えません」っていう人もいると思いますが、……そういう人はもしかしたら、今世、その思いを経験することで得る学びがあるのかもしれませんね。

一人　そう思って、苦しい気持ちをあまり深追いしすぎないことだよね。

タツヤ　最後に、一つ質問があるのですが。

寿命はあの世にいるときに自分で決めてくるそうですが、生まれてきた後、変えることはできないのでしょうか？

一人　自分で決めてきたことだから、自分が変える気になれば寿命だって伸ばすことはできると思うよ。

間違ってたらごめんなさいだけど、この世での考え方や行いをよくする、――つまり、**明るく楽しい生き方をすれば、寿命も伸びるんじゃないかな。**と一人さんは思っています。

この考え方に共感できる人は、楽しく挑戦してみたらいいですよ。

第3章

「嫌なこと」を今すぐやめな

夢や目標を見つける前に嫌なことをやめな

子どもだけでなく、大人もさまざまな場面で「夢や目標は？」と問われることがあると思います。

ですが、パッと答えられる人はそれほど多くはないでしょう。僕の講演会などでも、「私は夢や目標がなくて悩んでいます」というかたがけっこういらっしゃいます。大なり小なり、みんな「夢や目標を見つけたいのに、見つからなくて迷っている」という状況を抱えている。

実は僕自身も、かつてはそのひとりでした。

いまでこそ、「一人さんの教えを広める」「幸せな人をひとりでも増やす」ということに楽しみながら挑戦していきたいという夢がありますけど、かつては夢も目標も真剣に考えていなかったなぁって（笑）。

小学校のときにも、「将来の夢」をテーマに何度か作文を書く機会がありましたけど、いつも適当なことばかり書いて提出していましたし（笑）。なにを書いたかも、もう覚えていないくらいです（笑）。

じゃあ、どうして今は夢も目標もきちんと答えられるようになったかと言うと、もちろん一人さんの教えを学び、それを実践してきたからです。

ということで、本章では、**一人さん式「夢や目標の見つけ方」**について迫ってみたいと思います。

まず、夢や目標が見つからない最大の理由について、一人さんはこう言います。

「夢や目標が見つからないのは、やりたくないこと、嫌なことで心がいっぱいになっているからだよ。

いきなり夢や目標を探そうとしても、心に余裕がないのに探しようがないの。

いいかい？　**最初にしなきゃいけないのは、やりたくないこと、嫌なことをやめ**

る。我慢をやめる。

それが、実は夢や目標を見つける最短コースなんだ。

矛盾しているようだけど、夢や目標を早く見つけたいのなら、夢や目標を見つけようとしないことだよ」

会社でも学校でも嫌ならやめていいんだよ

我慢で心がいっぱいになっているときは、ほかになにも考える余裕が持てません。だけど嫌なことをやめて心にスペースができると、その空間を埋めたくなるのが人間。

自分で意識しなくても自然に、「なにか新しいことをしてみようかな」と思うようになったり、いろんなことに興味が向いたりするようになる。「これ、おもしろそうだな」「あそこへ行ってみよう」という気持ちが生まれ、勝手に行動し始める。

そう一人さんは言います。

「大人だからとか、子どもだからとか、関係ないよ。人間とは、心に余裕ができると好奇心が生まれる生き物なんだよね。そういうふうに作られている。

だから一人さんはいつも、やりたくないことをやめなって言うんだよね。で、やりたくないこと、嫌なことをやめな。我慢をやめなって言うと、

〝勉強が嫌な子どもはどうするんですか？〟

〝学校が嫌だからって、登校拒否をすると子どもが困りませんか？〟

〝働きたくない人は、会社をやめていいんですか？〟

と思う人がいるだろうけど、**本人が嫌がっているんだったら、学校でも会社でもやめちゃっていいよ。**やめても問題ない。

あのね、学校へ行かなかったらまともな大人になれない。会社へ行かなかったら大変なことになるって不安に思うかもしれないけど、嫌なことを我慢することのほうがよっぽど問題なの。

一人さんからしてみれば、我慢することのほうがはるかに将来が心配だね。

俺なんて、小学生の頃からまともに学校へ行ってなくて、両親にも毎日、〝ちゃんと学校へ行きなさい〟〝遅刻しないで行きなさい〟と叱られていたんです。それでも頑として言うことを聞かなかったし、いつも昼過ぎに起きていたよ（笑）。たまに朝から学校へ行くこともあったけど、そういう日は、給食を食べたら家に帰ってたしね（笑）。

とにかく、徹底的に嫌なことはしなかった。

それで納税日本一になったの。

たまたま納税日本一になったんじゃないよ。**嫌なことを絶対にしなかった少年が、今の俺につながっているんだ。**

我慢したって、いいことなんてない。それより、もっと自分を大切にしな。自分に合う道に進んで幸せになりな」

自慢じゃないですが、僕も一人さんと同じで、小学生の頃から宿題はほとんどしませんでした。中学時代も学校をサボッてばかりで、まともに授業を受けていない（笑）。

具体的に言うと、「数学の時間は漫画を読む」「社会の時間はゲームをする」「英語の時間は昼寝」みたいな（笑）。それすら1年で限界を迎え、中学2年生からは授業に出ること自体がなくなっちゃって（笑）。

でも、そんな僕が今や講演会を開いて大勢の人の前で話したり、こうして本を出したりしている。世間ふうに言えば、ものすごくちゃんと生きている（笑）。

学校へ行かなくても、勉強しなくても心配ない。

我慢を手放すことを怖がらないで欲しいなと思います。

忍耐力って本当に必要かい？

嫌なことをすぐやめてしまうと、忍耐力が養われないのではと心配されるかたもいらっしゃると思います。特に子どもを持つ親御さんとしては、子どもに忍耐力を身につけさせることも、親の務めだと考えるのが一般的ではないでしょうか。

でも、一人さんは「そういう常識って、本当に必要かい？」って言うんですね。

「親は、子どもが飽きっぽいのを悪いことのように言うんだよね。忍耐力がないからダメだって決めつける。

だけど俺なんて、たぶん日本でいちばん飽きっぽいだろうね（笑）。日本でいちばん、忍耐力がない（笑）。

で、そんな自分を最高にいいね！　と思っているのが一人さんなんです。

だって飽きっぽいのは、裏を返せば〝行動が早い〟ってことだから。

飽きっぽい人は、ちょっと〝これは違うな〟と思ったら、すぐ次のことに興味が移るでしょ？　そうやって〝次、はい次……〟と行動していると、自分に向いてることも見つかりやすいんだよ。

飽きっぽい人のほうが、夢や目標って見つけやすいの。

なんでもじっくり取り組むタイプ、といえば聞こえはいい。でもね、じっくり取り組むのは、好きなことだけでいいんだよ。好きなことこそ、じっくり取り組んだときに伸びるし、人よりうまくできるようになるの。

自分に合わないことを、〝粘り強さが大事だ〟とかって我慢して続けても、嫌なものは嫌なままだと思いますよ（笑）。好きでもないことに努力したって、せいぜい人並みになる程度で終わりだろうね。図抜けてうまくなることはない。

それで何年もして、いよいよ〝あぁ、これは自分には向いてなかった〟とやめて、また次のことも、自分に合わないと感じながら何年も辛抱し続ける（笑）。

あのね、飽きっぽい人はその間にどんどんいろんなことにチャレンジして、さっさと成功しちゃってるよ（笑）。

そういう意味で、一人さんは日本でいちばん飽きっぽいからこそ、納税日本一にもなれたんだと思っています。飽きっぽさって、実は成功の種でもあるんだ。

人は逃げ道を奪われると挑戦しなくなるし、心が壊れるようになっているの。だから習い事でもなんでも、嫌がる子どもに、〝今やめたら、なんのために習わせたのかわからない〟〝そんなに飽きっぽいんじゃ、なにをしてもダメに決まってる〟なんて絞めつけちゃっていると、間違いなくその子はやる気を失うし、それでもやめさせないでいると心が壊れちゃうだろうね。

子どもがやりたがるんだったら、習い事をさせてあげてもいい。そのときは、〝嫌になったらいつでもやめていいからね〟ってあらかじめ声をかけておくの。で、いざ子どもがやめたがったときは、怒ったり問い詰めたりしないですぐやめさせてあげるんだよ」

僕も子どもがいるのでわかりますけど、塾や習い事って、最初は「友達が行っているから」という理由で始めたがることが多いんですよね。

ところが、実際に行ってみたら自分に合わないことがわかる。そんなの、しょっちゅうです（笑）。

だけどその都度、親がサッとやめさせてくれたら子どもは気が楽だし、きっとその飽きっぽさが生かされて自分らしい道へ進めることでしょう。

子どもが習い事をやめたいと言ったら?

たとえば、お子さんがピアノに興味を持ったので、ピアノ教室に通い始めたとします。ところが通い始めてしばらくすると、子どもがピアノ教室をやめたいと言い出した。

一人さんの教えを学んでいるお母さんは、「ピアノに向いてなかったんだね。じゃあ、またおもしろそうなことがあったらそれをやればいいよ」と、すぐにピアノ教室をやめさせてあげました。

さて、ここで問題になったのが、月謝を払っているお父さんです(笑)。

お父さんは、一人さんの教えを学んでいないので、通い始めたばかりのピアノ教室をすぐにやめたというと、怒り出す可能性があります。

こういう場合、一人さんだったらどうするでしょうか？

「お父さんが月謝を払ってくれているから、中途半端にやめられないっていうケースもあると思うけど、そんなの関係ないよ（笑）。もしお父さんが怒りそうなら、月謝をもらいながら**黙ってやめちゃえばいいと思います（笑）**。

習ってもいないピアノの月謝を、嘘をついてもらい続けていいんですかって、いいんです（笑）。というか、そんなことで子どもが怒られるくらいなら、お父さんに嘘をついたほうがいいよねってこと。

俺に言わせると、子どもの飽きっぽさを潰すのはそれくらい罪深いんです。

で、仮にピアノ教室の月謝が1万円だとするじゃない。そしたら、お母さんと子どもで5000円ずつ山分けしちゃえばいいよね（笑）。お父さんには〝ピアノ教室に行ってきます〟と言って、2人で楽しくショッピングしたりして遊べばいいの（笑）。

そのうちに、お父さんが〝そういえば、ピアノの発表会はないのか？〟なんて言い出してバレそうになったときは、さらっと〝この子には向いてないみたいだから、こないだやめたのよ〟って言えばいい（笑）」

確かに、お母さんも子どももお小遣いが増えてうれしい（笑）。

増えたお小遣いで2人が笑顔になれば、家庭のなかはすごく明るくなるし、そんな明るい顔の2人を見たら、お父さんだって怒れないんじゃないかな。もしお父さんが怒りそうだったら、お母さんが晩酌のビールを1本サービスしてあげてください（笑）。

ただし、これは一人さん流をお伝えしているだけです。このやり方が正しいかどうかは責任が持てませんので、自己責任でやれる人だけ参考にしてください（笑）。

学校に行かなくても苦労なんてしないよ

コロナ禍では、長期にわたって学校も休みになりました。

久しぶりに学校が始まると、「子どもが学校へ行きたがらない」と困っている親御さんの話がいくつも耳に入ってきたものです。

親御さんも仕事があるので、子どもが学校へ行きたがらないと困るでしょうし、さまざまな面で心配もあるのはわかります。

ただ、一人さんはこう言うのです。


「学校へ行きたがらないということは、やっぱりその子は学校に向いてないんだと思います。学校に向いている子なら、休校明けだろうがなんだろうが学校へ行くものだよ。

勉強にしたって、コロナで学校が休みになったから勉強しなくなったとか言うけど、それってもともと勉強向きの子じゃないよね。勉強の好きな子は、コロナで休みになったって、勉強をサボらないと思います。

その子が学校に向いてない、勉強に向いてないことがコロナをきっかけに浮き彫りになっただけで、**コロナが原因でそうなったわけじゃない。**ここを勘違いしちゃいけないよね」

もちろん、学校の勉強が必要な職業もありますけど、勉強は学校じゃなくてもできるし、今はそういう子が学べる場所もどんどん増えてきています。学校が嫌いだけど勉強は好きだっていう場合は、学校以外で学ぶという選択肢もありますね。

また、勉強に向いていない子は、そもそも大人になっても勉強が必要な職業に就きたいとは思わないでしょうから、これも問題ないです(笑)。

僕が学校や勉強に向かないタイプだから言うわけじゃないのですが、社会に出て、学校の勉強が役に立っていないのはみなさんもご存じなのでは?(笑)

よく、「学校へ行かなきゃ大人になって困る」と言われますが、日常生活で困らない程度の読み書きと、足し算、引き算くらいができれば、普通に社会で生きていけます。実際、僕がそうです（笑）。

ちなみに僕は、中学生のときに、ずっと先生から言われ続けたことがあるんです。

「お前はろくすっぽ学校にこないけど、社会に出たら苦労するぞ」

今、あのときの先生に質問したいです。

その苦労は、いつ来るんでしょうかって（笑）。

ひょっとして、この先の老後で苦労するとか？　そんな訳ないですよね（笑）。

僕は老後だって間違いなく、今までみたいに誰よりも楽しく生きていると思いますよ。

好きなことだけに注力しなよ

さて、そろそろみなさんも、これまでの常識がぶち破られてきたでしょうか？（笑）

「嫌なことはやめていい」
「我慢しなくていい」
「飽きっぽくていい」

だんだん、常識を疑う考え方ができるようになってきたことと思います。

そこで次のステップとして、
「嫌なことをやめた後」
について、一人さんのお話をご紹介しますね。

「嫌なことをやめるって、好きなことをするという意味だよね。それなのに、マジメな人はすぐ、〝なにか世の中の役に立つことをしたらいいですか？〟〝せっかくだから、将来役に立つことを選んだほうがいいですよね？〟とか言い出すんだけど。

あのね、**まずは自分の好きなことをやるの。**今、自分が楽しめることに焦点を当てるんです。

世のため人のためとか、将来のためとか、そういう基準でものを考えるから苦しくなるんだよね。今、あなたがしたいことを選べばいいのであって、余計な条件をつけちゃいけないの。わかるかい？

一人さんはずっと、〝好きなことをするんだよ〟と言っている。なにか役に立つことをしなさいとは言ってないんだ。

ゲームでも釣りでも、買い物でもなんでもいい。**世の中のためとか将来とか考えなくていいから、今あなたのやりたいことをするんだよ。**

なんの役にも立たないことでいいんですかって、そんなことから始めるしかないの。

気楽に始めて、気楽にやめられる軽いことからじゃなきゃ、すぐにまた〝今やめたらもったいない〟とか、へんてこりんなことを考え出すものだからね」

そもそも役に立たないことなんてないからね

ということで、親御さんは子どもがゲームをやりたがったら、好きなだけやらせてあげましょう（笑）。

「親が〝1時間でやめなさい〟とか言うから、子どもはいつまでもゲームをやめないんだよ。周りが止めなきゃ、いずれ飽きて自分からやめるの」

と一人さんが言うように、子どもには、やりたいことを飽きるまでさせるのがいちばんです。子どもがいつまでもゲームをやめない、スマホを手放さないのは、大人が止めるからなんですね。

寝ないでゲームをするんですっていう場合は、寝ないでやらせたらいい（笑）。やりつくせば、必ず飽きる時がきます。

それでもゲームやスマホをやめない場合は、それが本人に向いているということ。

将来プログラマーとして成功したり、ゲームやスマホアプリの開発者として成功したりする可能性もあるわけですから、親の間違った常識で水を差しちゃいけませんね。

一人さんは言います。

「一人さんの場合は、子どもの頃になんの役にも立たないことで夢中になった経験がないんです。だって俺が夢中になったのは、女性だからね（笑）。昔も今も、俺が好きなのは女性だけです（笑）。

女性は社会でも会社でも、家庭でも役に立つでしょ？　どこにいても役に立つ、すごい存在なのが女性なの。

というか、極論を言うと、**役に立たないことなんて世の中にあるんですか**って。ゲームだって釣りだって、全部役に立つよ。趣味にお金を使えば、買ってもらったお店は助かるんです。人の役に立っている。

それにそもそも、楽しいだけで自分の役にも立ってると思うよ。楽しいって、幸せな証拠だからね」

子育ての魔法の言葉「なんでも興味を持って偉いなぁ」

飽きっぽいのは、一人さん的には才能です。

人は飽きるとまた新たな楽しみを探し始めるし、ほかのことに興味が向く。好きなことを飽きるまでやれば、勝手に別のことをし始めるんですよね。

そのうちに、「これだ！」と思うものに出合い、じっくりと好きなことに取り組むことで成功の道に進んでいきます。

だから親御さんは、子どもが興味を持ったことに水を差さずにどんどんやらせてあげること。そして大人も、一人さんみたいにいくつになっても好きなことをして楽しめばいいと思います。

そのなかで、絶対に言っていけない言葉があるから気をつけるんだよって、一人さんが教えてくれました。

「子どもにも大人にも、〝お前は飽きっぽいね〟〝なにをやっても続かなくてダメだな〟みたいなことを言うのは厳禁だよ。

じゃあなんて言えばいいんですかって、

〝お前はなんにでも興味を持って偉いなぁ〟

こう言えばいい。

同じことをしても、言い方一つで全然違うでしょ？

なんにでも興味を持って偉いなぁって言われたら、子どもだって大人だってうれしい。そう言われたら、かえっておかしなことはしなくなるし、好きなことを見つけたときのやる気だって違ってきちゃうんです。

飽きたというのは、そのことをもうじゅうぶん学んだというお知らせでもあります。

神様は、人間をそうやってうまく飽きさせるように作ってくれているんだよね。

飽きるのは自然なことで、むしろそれに逆らうほうが流れを悪くする。だからやる気がなくなったり、心が壊れたりするようなことになるんだ。

飽きるって、神様の愛だからね。

飽きたらやめな。

嫌になったらやめなきゃいけない。

我慢は絶対ダメだよ」


自分に飽きっぽさを感じたとき、子どもに飽きっぽさを感じたときに、

「自分に合わないことに早く気づけてよかった」

「また新しいことに目が向けられるなんて、才能豊かな子だなぁ」

そんな前向きな気持ちで考えられるかどうかで、人生は大きく違ってきますね！

対談❸

ツキを呼びたいなら我慢なんか絶対やめな

斎藤一人×鈴木達矢

タツヤ　楽しくないことは、がんばらなくていい。一人さんはいつもそう言いますね。

一人　そうだよ。仕事でも勉強でも、無理にがんばることはない。一人さんは今までの人生、がんばったことは一度もないしね（笑）。

みんなも、嫌ならやめていいよ。我慢して続けることはないんだ。

タツヤ　という話題になると「そうは言っても、人間、がんばりどころはあるものだ」「やっぱり少しはがんばらなきゃ」「目標に向かって進むにはがんばりも必要」

みたいな意見もあるのですが、それは違うよっていうのが一人さん流。

だからもし、ちょっとでもがんばったほうがいいよっていう話を、「一人さんが言ってたよ」って人から聞いたとしたら、それは嘘だと思います（笑）。たまに、間違った解釈をした人が、一人さんの話を誤解して伝えていることがありますから。

一人　ただ勘違いしないで欲しいのは、**がんばらなくていいというのは、がんばっちゃダメってことではない**からね。がんばりたい人は、好きなだけがんばればいいの。

俺の「がんばる」って、「顔晴る」と書くんだよね。「頑張る」じゃない。

この表記の違いが意味するのは、「楽しいことを、自分の意志で笑いながらがんばる」のと、「嫌だけど、しなきゃいけないから我慢してがんばる」の差なんです。

タツヤ　好きなことをがんばるのは、遊んでいるみたいに楽しいですからね。全然苦にならないがんばりです。

一人　たとえばショッピングが好きな人に「いつも買い物がんばってますね」とは言わないでしょ？（笑）　それと同じで、仕事でも勉強でも、楽しい人にとってはがんばることが苦痛じゃないの。

一人さんについて言えば、俺は女性とデートしてるときと同じくらい自分の仕事が好きだから、働くことに対してがんばってると思ったことはないんだよね。好きな女性とデートするときの感覚みたく楽しい（笑）。

だけど一人さんって勉強は大嫌いだったから、学校へは行かなかったし、勉強もしなかった（笑）。

嫌なことは徹底的にしないし、誰かに強制されたって、頑として言うことを聞かないの（笑）。子どもの頃からずっとそうなんです。

タツヤ　だから一人さんってこんなに生き方が軽いし、いつも幸せで楽しそうなんですよね。

一人さんと言えば、信じられないような強運の持ち主ですけど、こういう「我慢しない生き方」によるところが大きいんだなって、そばで見ていて実感します。

そんな一人さんの生き方にならいたいというみんなの気持ち、よくわかります。


一人　一人さんを好きだと言ってくれる人ってね、もともとすごくマジメな人が多いんです。ほとんどが、嫌なことを我慢しながらがんばってきた人たちなの。

でもね、そうやって正しくマジメに生きてきたのに、なぜかうまくいかない、心が満たされない……みたいなことがきっかけで、一人さんの生き方に行きついたっていう人がたくさんいるみたいだね。

俺みたいに不真面目な精神論者はいないから（笑）。

タツヤ　一人さんファンのみんなは、もうがんばりたくない人たちの集まりだと僕は思っています（笑）。

一人　もうがんばりたくないって思うのは、いいことだよね。だってさ、がんばりたくない人にこれ以上がんばれと言っても、壊れてしまうだけだから。

がんばりたくない人は、がんばらなくていい。がんばることで苦しんじゃダメなの。

そんなの神様は望んでないし、苦しいがんばりで幸せになんてなれないよ。

よく「将来のために、苦しくても今はがんばる」って言うんだけど、未来って「今」の連続だから、今苦しい人は将来もずっと苦しいままじゃないかな。

幸せって、苦しみを捨てた人から手にできることなんだ。

タツヤ　がんばらなくても人生うまくいくんですかって、うまくいくのが一人さん流ですよね。

みんなも知っている通り、一人さんは納税日本一の大商人です。納税日本一というのは、日本でいちばん税金を納めているんですよ。

そういうすごい人なだけに、普通は「がんばってないなんて嘘でしょ⁉」って思うかもしれませんが、一人さんって本当にがんばってない（笑）。

僕はいつも一人さんの車を運転しながらいっしょに過ごしますけど、毎日楽しくドライブ旅行をしてるだけ（笑）。車中でも旅先でも、一人さんが仕事をしている姿なんて見たことがありません。

いやいや、ドライブ旅行から帰ってきて、夜中に商品開発をしてるんでしょって、それもないです（笑）。帰ってきても、僕たちといっしょに時代劇とか、『開運！なんでも鑑定団』（テレビ東京系）みたいなバラエティ番組を見ている（笑）。

一日中、ゆるゆると楽しく過ごしていますよね。

一人　タツヤの言う通りです。俺は本当に、全然がんばってない（笑）。

タツヤ　それに、一人さんは「もうちょっとがんばって売上を伸ばそう」みたいなこともいっさい言いませんよね。

もちろん僕自身も、一人さんから「がんばれ」なんて1回も言われたことがないし。

一人　俺は自分ががんばってないから、人にがんばりを強いようと思わないんだよね。

というか、がんばれってお尻をたたくほうが、会社はうまくいかないと思うし。ハッパをかけたりお尻を叩いたりするよりも、俺が、「この人みたいに成功したい」と憧れてもらえるような魅力的な社長でいれば、従業員はみんな自分から楽しく働いてくれるものだよ。

それで、勝手に売上がグングン伸びていった。

うちの会社のことをよく知らない人は、社長の俺が旅に出てばかりでまったく会社へ行かないから、なぜこんなに成長するのか理解ができない。「不思議な会社ですね」って言われるんだけど、俺にとってはすごく理にかなった現象なんです。

タツヤ　そういう意味では、一人さんは最高の社長です。

まず言いたいのは、いい意味でトップらしくないというか、本当に相手に緊張させない。「かしこまらなくていいからね」「自由にしな」「ゆっくりでいいよ」って、いつも相手の気持ちを軽くしてくれるんです。

そもそも、社員は全員、一人さんのことを「社長」とは呼ばない（笑）。みんな、「一人さん」って呼びますからね。

僕にしても、ふだんは一人さんが納税日本一であることを忘れちゃってるくらいです（笑）。たまに「あっ！」って思い出してびっくりしちゃう（笑）。

それくらい、一人さんといっしょにいると楽しいし、家族みたいな居心地のよさがある。

ただ、世の中の全員がこういう生き方に向いているわけじゃないですよね。なかにはガンガン働いて成功したり、がむしゃらにがんばることで幸せになったりする人もいるでしょう？

一人　いるよ。そういう人は、がんばるのが好きなんだよね。がんばるのが楽しいから苦にならないし、遊ぶようにがんばれるんだよ。

がんばっているのが幸せだから、がんばることで成功する。

言ってみれば当たり前のことだけど、がんばることに向いてない人が同じように
しちゃうと、これは心が壊れるよね。

人それぞれ適性ってあるし、好きなことも苦手なことも違うんです。それを無視した生き方をしてもうまくいかないんだ。

がんばるのが好きな人は、がんばるのが正しい。

だけど、一人さんみたくがんばるのが嫌いな人は、がんばらないほうが正しい。

どちらも正解だから、あなたはあなたに向いてるほうを選べばいいよ。

第4章

「ふわふわ」の言葉が大成功をもたらすよ

軽さの時代に幸せが加速する言葉

21世紀に入り、すでに20年が過ぎました。一人さんの言う「魂の時代（※）」も徐々に深まりつつある今、魂の成長をますます飛躍させる言霊《ことだま》として一人さんが注目しているのが「ふわふわ」という言葉です。

簡単にいうと、毎日「ふわふわ」と唱えているだけで、心が軽くなって幸せな出来事がいっぱい起きるよっていう話です。

一人さんは言います。

「20世紀までは、実直、勤勉、……そんな堅いイメージがよしとされてきた時代で、国を発展させるために、みんな一丸となってマジメに働いてきました。

昭和の時代も、俺たちにしてみればずいぶん堅さの残る時代だったけど、その前の明治時代や江戸時代辺りまでさかのぼってみると、個人が自由にするのは本当に難しかった。

でもね、堅い時代が悪いわけじゃない。あの時代にはそれが必要だったし、堅さがあったからこそ、こうして日本は発展できたんです。

立派に見せたり、重々しいことを言ったりするほうがいい時代もあれば、今みたく軽い雰囲気のほうがよくなる時代もある。それだけのことなんだけど、やっぱり自分が生きている時代のムードに合わせたほうがうまくいくし、成功できるんです。

じゃあ、これから世界はどうなるんですかっていうと、**21世紀が進めば進むほど“軽さ”が必要になっていく。**

ふわふわな柔らかいムードがどんどん色濃くなるんです。

そして、その軽い時代が、この先1000年は続くだろうっていうのが一人さんの見立てです。

なぜ1000年ですかって、詳しいことはわからないけど、神様からのお知らせでそういうふうにピンときたんだよね」

言葉で比較すると、多分、昔は「質実剛健《しつじつごうけん》（飾り気がなく、マジメでたくましいこと）」「謹厳実直《きんげんじっちょく》（慎み深く、マジメで正直なこと）」みたいな言葉が時代にしっくりきていたと思います。立派でマジメなイメージというか。

一方、今の時代に合うのは、「ふわふわ」という言葉。軽やかで柔らかい印象です。

一人さんが、「言霊やご真言《しんごん》というのは、時代に合った言葉かどうかで、その言葉を遣うときに受けられるエネルギー（言霊）の大きさが違ってくるよ」と言うように、江戸時代や明治時代には、重くて堅い言葉にすごくパワーがあった。

質実剛健や謹厳実直なんかが時代にマッチしていたから、こういう言葉を口にしたり文字に書いたりすることで、その言霊から大きな力をもらえたわけです。

だけど時代が変わり、これからは「ふわふわ」という言葉が世の中のムードに合ってくる。それに合わせて、みんなも「ふわふわ」の言葉から大きなエネルギーをもらい、幸せに加速をつけようよっていうことなんですね。

（※）全体のムードに合わせる20世紀までとは違い、性別や年齢、人種に関係なく「個人」で活躍する時代。なんでも軽く考え、人生を楽しめる人が成功する自由な世界のこと。

モヤモヤが消えて心が軽くなる「ふわふわ」

みなさんは、「ふわふわ」という言葉を耳にしてどう感じたでしょうか？

言葉から受ける、軽さや柔らかさといった印象はもちろんですが、

「視覚的に平仮名なのでカワイイ印象がある」

「シンプルで簡単」

そんな意見も僕の周りではよく聞かれるのですが、総じていえるのは、「いかにも力強いエネルギーがありそう」という印象とはちょっと違うという点でしょうか。

小さな子どもからお年寄りまで、誰でも気軽に、さらっと口にできるやさしい言

葉。それが「ふわふわ」という言葉のイメージです。使う人を選ばないよさがある。にもかかわらず、ほかのどんな言葉よりもパワフル。このギャップが、「ふわふわ」の最大の特徴かもしれません。

この四文字が覚えられない人って、多分いないですよね（笑）。2～3歳の子どもでも、きっとすぐに使える言葉だと思います。

しかも、この言葉を遣って何か難しいことをするわけではなく、僕たちはただ「ふわふわ」と言えばいいだけ。

使う側の人間には超簡単なのですが、なぜか心がふわふわ軽くなり、モヤモヤが消えて元気になる。インスピレーションや知恵もじゃんじゃん湧いて、魅力が増す。仕事もプライベートも、全部うまくいくようになるんです。

はっきり言って、「ふわふわ」には桁違いの力があります。

神様にしかわからない、超高度な仕組みになっている。

最初に神様からこの言葉を預かった一人さんですら、「俺も〝ふわふわ〟の仕組みはわからないよ（笑）」と言うほど、難解な仕掛けがあるんですね。

そんなパワーのある高度な言葉を、誰でも気軽に使っていいいし、この言葉でいくらでも幸せになっていい。しかも無料で（笑）。

ちょっと神様、サービスし過ぎじゃないですかって言いたくなりますよね（笑）。

自動運転みたく勝手に幸福へたどり着くよ

まるで、時代のボーナスみたいな「ふわふわ」の言葉。

簡単なのに効果抜群というその高度な仕組みにピンとこない人も多いと思いますので、一人さんのわかりやすい説明をご紹介しますね。

「〝ふわふわ〟の仕組みってね、自動車になぞらえるとすごくわかりやすいんです。

今、車ってものすごく性能がいいでしょう？　障害物があればブザーが鳴ってお知らせしてくれたり、アクセルとブレーキを踏み間違えても車が暴走しないように自動ブレーキがかかったり、目視できない場所は車載カメラで映してくれたり。

運転をサポートしてくれる優れた機能がたくさんある。

それどころか、いよいよ自分で運転しなくても目的地へ行ける、夢の〝自動運転〟にも近づいてきたよね。もう少し進化すれば、本当にボタン一つで誰でも車に乗れるようになる。

たとえば、あなたが自動運転の車で東京から青森まで行くとします。

細かい話を抜きにすれば、車に乗ってあなたがすることは、〝電源ボタンを入れる〟〝目的地を青森に設定する〟だけです。あとは車が自動走行してくれるから、あなたはハンドルを触ることもないし、アクセルもブレーキも踏まなくていい。

勝手に出発して、安全に青森まで連れて行ってもらえます。

車にはとんでもなく高度な技術が搭載されているんだけど、人間の操作は驚くほど簡単なの。

〝ふわふわ〟の言葉って、まさにそんなイメージ。**超高度な言葉なのに、使う人はただ〝ふわふわ〟って言っていればいい**んだよね。高度になればなるほど、使い方は簡単になる。それが世の中の仕組みなんです」

考えてみれば、昔はマニュアル車しかなくて運転も大変でした。ちょっとクラッチを踏むタイミングを間違えただけでエンストして（笑）。

その点、いま主流のオートマチック車では、そういうことがありません。技術は飛躍的に上がっているのに、僕たちの負担はすごく軽くなりましたね。

カーナビという便利なアイテムが登場したおかげで、目的地を入れるだけで音声案内までしてくれます。おかげで、行ったこともない場所でも迷わず行けるようになりました。考えてみたら、昔は赤信号で止まるたびに地図を見て忙しかったなぁ（笑）。

そんな高度な車に、多くの人は疑問なんて持たないで乗りますよね。運転するときに、コンピュータ制御の仕組みがどうとか、カーナビの位置情報は宇宙の衛星からの電波が……なんて、いちいち気にしないでしょう？（笑）

車の技術的なことは専門家にお任せして、僕たちは便利に使うだけ。

それと同じだと思えば、「ふわふわ」のイメージはつかみやすいでしょう。

「ふわふわ」は、いわば自動運転の車に乗っかっているようなもの。なぜいいことが起きるのかは神様にお任せして、みんなはただ唱えるだけでいいんです。

仕組みを知らなくても、使い方さえわかれば簡単に目的地へ行ける。つまり、幸せな世界へ行けるのです。

感覚や直感が磨かれて成功しやすくなるんだ

「ふわふわ」というのは、そのイメージからもわかるように感覚的な言葉です。

理屈ではなく、軽さや柔らかさといった感覚を大切にすることで道が開かれるという、これからの時代を象徴する言葉。

今までは知識的なことを頭に詰め込む「勉強」が重視されてきましたが、それはもう終わりです。次は、「感覚」「直感」を磨かなきゃいけない時代になった。軽さや柔らかさという感覚なしには成功できないよって、一人さんは言います。

「もちろん、知識を得る勉強が好きで、それが必要な仕事に就きたい人はこれからも勉強したらいいんだよ。知識の必要な仕事がなくなるわけじゃないからね。ただ、そういうのが苦手な人まで夜なべして勉強する必要はないよねって話なの。だってさ、今の時代はほとんどの人がスマートフォンを持ってるでしょ？　わからないことがあると、みんなその場ですぐスマホを使って検索します。

今どき、わからないことがあるからって、わざわざ図書館まで行って百科事典を引っ張り出す人はいないよね（笑）。ググれば（※）なんでも調べられるじゃない。

一人さんは携帯電話もパソコンも持ってないけど、最近じゃそんな俺ですら、ちょっと知りたいことがあると、仲間に、〝それ、ググッてみようぜ〟とか言うよ（笑）。

わからないことは、大抵コンピュータのなかにある。なにも夜なべしてまで覚える必要はないんです。

今は東大の先生だって、スマホを使って知らないことを調べる時代なの。スマホには東大教授以上の知識が全部入っていて、誰でもその知識に簡単にアクセスできる。みんなが好きなように使える、巨大な脳がある感じです。

だったら、自分の脳を勉強に使うより、感覚に集中したらいいよねって。

知の時代から感覚の時代に変わったからこそ、神様はスマホやパソコンみたいな便利なハイテク機器を誰でも持てるようにしてくれたんだと思うよ。


でね、よく〝頭を使わなくなるとバカになりませんか？〟って心配する声が聞こえてくるんだけど、そんなことはありません。

神様は、俺たちを絶えず生成発展させてくれるの。その神様が、人間がバカになるような世界を作るわけがないから。

それどころか、これから人類も世界もますます進化するんです。

頭を使わなくなると、感覚はどんどん冴《さ》えてくるの。

第六感みたいなのが研ぎ澄まされたり、ひらめきやアイデアが降りてきやすくなったり、〝ピンとくる〟ことが今まで以上に多くなる。

魂の声が聞き取りやすくなるってこともあるかもわかんないね。

そうやって、人間の成長に必要なことが自然に発達してくるんだ」

「ふわふわ」の言葉があれば、感覚の時代にいち早く、しかもスムーズに馴染《なじ》むことができます。

とにかく簡単な短い言葉ですから、時間も手間もかかりません。ぜひ、みなさんも日常生活に取り入れてみてくださいね！

（※）インターネットの検索エンジンGoogleを使って調べること。転じて、インターネット検索をすること。

感覚で生きるとモデル体型になる⁉

ここで、みなさんにうれしいお知らせです。

感覚の時代に入ると、なんと「人間は急激に美しくなる」らしいのです。

一人さんによれば、勉強よりも感覚を重視するようになると、頭を使わなくなることで「頭が小さくなる」のだとか！

つまり、みんながあこがれる、小顔になるということ。

さらには、足が伸びてモデル体型に近づく。

世の中は生成発展するように作られていて、それは人間の容姿にも当てはまるため、神様がどんどんスタイルのいい美しい人を地球に送り込んでくれるようです。

一人さんが、こんな話をしてくれました。

「今の若い子って、すでにスタイルのいい子が多いんです。

食生活の欧米化が進んだとか、栄養状態がいいとかっていう理由もあると思うけど、それだけじゃないんだよね。遺伝とも違う、なにか突然変異みたいな感じで、スタイルのいい子どもたちが生まれてきているんです。

外を歩いている家族連れを見てごらん。失礼ながら、お父さんやお母さんは昔ながらの日本人体型なのに（笑）、子どもだけがなぜかスラッとしていて顔も小さいっていう家族がそこら中にいるんです。

あれは、どう見ても突然変異だよね（笑）。遺伝だとしたら、お父さんもお母さんも小顔で手足が長くなきゃおかしいもの。

そういう世の中を見ていると、やっぱり時代は変わっていってるんだなぁって感じるよね。

昔からよく、宇宙人や未来の人間のイメージ図が出てくるんだけど、ああいうのを見ると、やたら頭がデカい（笑）。

未来人は頭ばかり使って体を動かさなくなるから、頭でっかちで体がひょろひょろになるって言うんだけど、一人さん理論ではその真逆です。未来人ほど小顔だし、スタイルもよくなる。

というか、あのイメージ図はまず全然美しくない（笑）。そんなものを神様が作り出すとはとても思えないよ。

未来人は、みんながうっとりするような美しい外見になる。少なくとも、俺はそう信じているんだ」

ちなみに、……今、「普通体型」として生きている僕たちはどうしたらいいですかっていうかたも、心配しなくて大丈夫です！

小顔メイクもあるし、厚底シューズを履けば足も長く見せられますから（笑）。

ちょっと顔が大きいとか、足が短いとかっていう人は、今世はなんとかメイクとファッションの力でカバーしてもらい、来世で小顔のモデル体型になることを楽しみに生まれ変わりましょう（笑）。

たまに言うだけでもじゅうぶんな効果があるよ

言霊やご真言についてよくある質問が、以下の3つです。

- **一日何回唱えたらいい？**
- **どういうときに唱えると効果的なの？**
- **口に出して唱えないと効果は薄い？**

簡単にお答えすると、唱え方に細かいルールはありません。

これはすべての言葉に共通して言えることですが、いつでも、何回でも、自分の好きなように唱えたらいいいし、口に出そうと心のなかだけで唱えようとどちらでも効果は変わりません。

一人さんは言います。

「こういうのってさ、たまに思い出して言うくらいでもじゅうぶん効果はあるんです。

必死に言えば効果が高まると思い込んでる人がいるんだけど、残念ながらそんなことはない。むしろ、必死に言うほど効果は小さくなるんじゃないかな。

だって必死に言わなきゃいけないと思うと、それだけで気が重いじゃない（笑）。心を軽くするために〝ふわふわ〟って言うのに、なにがなんでも言い続けなきゃいけないっていう義務感になると、それだけで苦しくなる。なんのために〝ふわふわ〟言うのかわからないよね（笑）。

だったら、思い出したときにちょっと唱える程度のほうがよっぽどいいんです。

こういうこともあえてお伝えしておかないと、たまに、〝毎日1万回言ってます〟とかって人が出てくるから（笑）。それじゃ重いんです（笑）。

言霊もご真言も、**あなたが言いたいときに好きなだけ言えばいい。**1回でも2回でもかまわないよ。数が多ければいいってものじゃないからね。

とにかく、軽く気楽に受け取ってください。〝ふわふわ〟を重くしないで（笑）。

そこがいちばん重要なところです」

口に出して言うか、心のなかで唱えるかというのも、「楽しく言えるかどうか」で判断すればOKです。

たとえば、電車や飛行機に乗っているときに、隣の人が突然、「ふわふわ、ふわふわ」なんて言い出したら、みなさんだって驚くでしょう？　なにも知らない人にしてみれば、ちょっと怖いかも(笑)。うるさいって怒られちゃうかもしれないし(笑)。

心のなかで唱えても効果は同じ。人に迷惑をかけない範囲で自由にしてくださいね。

問題が起きたら即「ふわふわ」って唱えな

ただし、「なにか嫌なことがあったときだけは、その場ですぐ、〝ふわふわ、ふわふわ〟って心が落ち着くまで唱え続けな」と一人さんはアドバイスします。

「思わぬトラブルが起きると、その衝撃が大きければ大きいほど、心は揺さぶられてしまうものです。

そのときにいちばん怖いのは、パニックになることなの。

目の前の出来事に振り回されて冷静さを失うと、人間は間違った選択をしちゃうんだよ。それが余計に問題をこじらせることにもなりかねません。

そういう意味でも、**問題が起きたとき、非常時には、即〝ふわふわ〟って言うといいよ。**心が軽くなって落ち着くからね」


人の悩みや心配ごとって急に出てくるものだから、言い慣れていないと、とっさの場面で、なかなか「ふわふわ」が出てこないこともあると思います。

そういう意味では、ふだんから「ふわふわ」と唱えておくことで、なにか起きたときは瞬時に「ふわふわ」の言葉が出てくるし、ちょっと心が重いかなって感じたときも「ふわふわ」ですぐに軽くなれると思います。

だけど、それも重くならない程度に楽しむこと。ゴリゴリに力んじゃうのはアウトです（笑）。

ものには限度があるし、必死になって言うほどのことじゃないよっていうのが一人さんの言いたいことですからね。

また、一人さんはよく「言霊」「ご真言」として僕たちにいろんな言葉を教えてくれるのですが、「これは言霊ですか？　ご真言ですか？」みたいなことも気にしなくて大丈夫です。

一人さんも、「そんなの、どっちでもいいんだよ。面倒くさいから細かいことは気にしないで」って（笑）。

言霊かご真言かを気にするのって、車がガソリン車かディーゼル車かを気にするようなものです。ガソリン車もディーゼル車も、車としての機能はどちらも優れています。ガソリン車とディーゼル車とでは、走行に10倍差が出るとかじゃないでしょう？

それと同じで、「ふわふわ」も、言霊だろうとご真言だろうと、本当はどちらでもいいんですよね。

唱えたくない人に強要しなくてもいいからね

細かいことをいちいち気にしていると、ハードルばかり高くなって気楽に言えなくなってしまいます。言霊のパワーを受け取るには、軽くて楽しい気持ちが欠かせませんから、一人さん流では、細かいことや面倒くさいことはいっさいナシ！（笑）

ルールがあるとしたら、「自分に都合よく楽しむ」だけです。

という意味では、周りの人に強要しないことも一つのポイントといえます。

よく、一人さんファンのかたから、「悩んでいる友人がいたので言霊について教えてあげたのですが、〝そういうのは興味がない〟〝いい大人がそんなこと言えない〟という反応でした」みたいな相談があるんですね。

悩んでいる人に一人さんの教えを紹介してあげるのは、とてもいいことだと思います。ただ、相手が興味を示してもいないのに、「いいからやってみなよ」って無理に説得するのはよくないですね。

相手が知りたがっているのなら詳しく教えてあげたらいいですが、**嫌がっているときはサッと引くこと。**これはとても大事なことです。

人は、強要されると気持ちが重くなるんです。一人さんは、みんなの心を軽くするためにいろんな言葉を教えてくれるのに、心を重くしては意味がありません。

嫌がる相手にしつこくしても、教えるあなたの心だって「なぜ話を聞いてくれないんだ」って重くなるでしょう？　そもそも、無理に言わせても効果がないので、結局、相手には言霊のよさをわかってもらえないんです。

こういう話に興味が持てない人は、その人に向いている別の道で幸せになるための修行をすることになっている。ただそれだけなんですね。

だから、今はご縁がないんだなと思って、相手の自由にさせてあげましょう。それも相手への愛です。

ちなみに、長く一人さんの教えを学んでいる人のなかには、「ふわふわ」と唱えても言霊の効果を感じにくいケースがあります。でも、それは一人さんの学びが深まっていて、すでにあなたの心が軽いからです。

一方で、今まで一人さんの教えを学んだことがない人や、まだまだ心が重かった人は、「ふわふわ」の言葉ですごく軽くなるのがわかると思います。

そんな違いも楽しんでもらえたらうれしいです。

今よりもっと幸せになれるから大丈夫

一人さんがみんなに教えてくれる話は、**どれも最初に一人さんが実証したものばかり**です。自分で効果を体感しているからこそ、みんなにも、「これはすごくいいよ」って教えられるんですね。

もちろん、この本でご紹介している考え方や「ふわふわ」も、全部、一人さんがその効果を確認しています。
みんなの心を軽くしたい、肩の荷を降ろしてあげたいという一人さんの愛なのです。

一人さんっていつも、

「今、みんなに必要なことはなにかな？
なにを教えてあげたら心が軽くなるだろう？
どうすれば、今よりもっとみんなが幸せになれるかな」

ということをじっと考えているんですね。
そうすると、あの一人さんでも少しこり固まっちゃうことがあるのだとか。
心が重くなるほどではないけれど、やっぱり一人さんでも、なんとなく自分で、

「固く考えすぎかな？」と感じることがたまにあるみたいです。

「ふわふわ」という言葉も、そんな違和感があるときにパッと降りてきて、実際に「ふわふわ」と唱えてみたらすごく心が軽くなったそうですよ。

それで弟子の僕たちにも、「言ってみな」って教えてくれたのですが、これが本当に心も体も軽くなって楽しい。たちまち仲間たちの間でブームになり、一人さんファンのみんなにも広まっていきました。

今、日本全国はもちろん、海外にいらっしゃる方々からも、どんどん「ふわふわ」の体験談が寄せられているのですが、それこそ僕たちですら「そんな効果があるの!?」って驚かされるようなこともたくさんあります。

・悩みが解決した
・周りの人の愛に気づけた

・人間関係が急によくなった
・仕事が大成功した
・臨時収入があった
・病気が改善した
・恋が実った

こんなふうにあらゆるシーンで、「ふわふわ」がツキを運んでくれているようです。

みなさんも、この新たな時代を象徴する〝ふわふわ〟という言葉でたくさん幸せを受け取ってくださいね！

対談④

人は年を気にすると急に老けちゃうよ

斎藤一人×鈴木達矢

タツヤ　僕は7月生まれなのですが、今年の誕生日にはたまたま講演会が重なっていました。すると、講演会の受講者のかたがたが、みんなでお祝いしてくれたんです。ところが、当の僕は自分の誕生日をすっかり忘れていて、ケーキや花束をプレゼントしていただいて初めて、「あれ、俺の誕生日だったのか！」って気づいた（笑）。最近、毎年そんな感じなんです。

一人　俺も、自分の誕生日って、当日は全然気づかない（笑）。みんなが、「一人さんおめでとう」と言ってくれるから、今日は俺の誕生日だったんだなぁって思い出すくらいで（笑）。

いや、自分の誕生日が何月何日かは覚えているんだよ。さすがにそれを忘れたことはありません（笑）。

だけど、俺はふだんから日付や曜日を気にしないし、たまに、「今、何月だっけ？」ってこともあるくらいだから、自分の誕生日が近づいても気づかないんだよ。誰も言ってくれなかったら、きっと忘れたまま誕生日が過ぎていくだろうね（笑）。

タツヤ　もともと僕は一人さんのそういう感覚に近いタイプでしたけど、一人さんのそばにいるようになってからは、ますますその傾向が強くなりました（笑）。自分の誕生日もそうですけど、ほかの人の誕生日も全然覚えられない（笑）。

あと、自分の年齢もすぐ忘れちゃうんですよ。

Ｆａｃｅｂｏｏｋ（※）なんかを使っていると、よく「今日は○○さんの誕生日です」っていうお知らせが来るんですよね。それで親しい友達の誕生日だとお祝いのメッセージを送るのですが、同級生から、「もう○歳だよ」と返ってくると、自分も同じ年齢なので、「俺、もうそんな年なのか⁉」ってちょっとびっくりします（笑）。

一人　一人さんも自分の年齢を知らないけど（笑）、別に覚えてなくていいと思ってるんです。**人は、年を気にすると急に老けちゃう**から。

タツヤ　確かに、実年齢を知ってもその数字に縛られる気がして、あまり興味がないというか。年齢を知るのって、重要なことじゃないですよね。

と思っているので、僕は一人さんの年齢も知らないんです（笑）。おおよその想像はつきますけど、ふだん、一人さんの年齢を気にかけることがないので、あえて確認もしませんしね。

講演会などで、みんなから、「一人さんって何歳なんですか？」って質問されることもあるのですが、「ごめんなさい、俺も知りません」って答えるしかない（笑）。

一人　俺たちは、仲間の間で年齢を聞き合うことをしないよね。誕生日が来ても、「何歳になったの？」なんて聞かない。

そんな俺たちは、いろんな人から、「お若いですね」って言われるんです。特に女性陣たちはファッションもきらびやかで、同窓会やなんかに行っても、ほかの人たちよりずいぶん若く見られるんだって。

若く見えるって、俺たちが健康やファッションなんかに気を使っているのもあるだろうけど、やっぱりいちばんは気持ちの問題だと思うよ。年齢を聞き合わないし、自分でも年齢を意識しないでいると、いつまでも若くいられるの。

タツヤ　まるかんの特約店さんをはじめ、一人さんファンのみんなは、よく「まるかん年齢で18歳です！」って言うんですよ。

それはいいとして、その後に、「で、実年齢は何歳なの？」って聞き合っている（笑）。それがダメってわけじゃないですけど、せっかく「まるかん年齢で18歳」と言うのなら、もうそれでいいよねって（笑）。

実年齢を気にすると、途端にそれが現実になるから。

一人　完全に自分の年齢を忘れちゃうと、病院やなんかで年齢を記入するときに困っちゃうかもわかんないけど（笑）。

でも、やっぱりいつまでも若くいたい人は、あまり数字を気にしすぎないことだね。

ちなみにこれは余談ですが、一人さんの場合は、「まるかん年齢18歳」よりも、23歳とか25歳あたりが好きです。未成年だと、恋人としてつき合いにくいからね（笑）。

（※）世界最大級のSNS（ソーシャル・ネットワーキング・サービス）。

第5章

「未熟」と認めた人だけが成長できるんだ

人は未熟だから成長し続けられる

一人さんは、昔からよく、「未熟っていいよね」「未熟は楽しいよ」と言っていたのですが、最近、その言葉にいっそう厚みが増したというか、以前よりもっと未熟を好きになっているみたいなんですね。

一人さんは、未熟についてこんなふうに考えているそうです。

「昔は未熟だった。

今はもっと未熟。

未来はますます未熟。

俺はそう思っているんです。ずっと未熟なの（笑）。

だって、未熟は〝これから成長できる〟という意味でしょ？　**自分は未熟だと思っている限り、一生成長し続けることができる**んだよね。

未熟だから成長できる。最高の言葉なんだ。

一人さんは未熟なほうが楽しいと思っているし、未熟な自分が大好きだよ」


未熟という言葉には、どことなく劣っているような印象があるせいか、あまり好んで使わない人も多いと思います。

未熟は半人前のように感じるから、自分を未熟だと思いたくない。未熟でいるのは恥ずかしいことだと考えるのが、世間の常識かもしれません。


でも、たとえば学生時代の友達と久しぶりに再会したりすると、

「あの頃は未熟でなにも考えてなかったけど、すごく楽しかったね」

といった会話が弾むことがあるのではないでしょうか。

未熟だったからおもしろかったね、楽しかったねって、未熟を「いいこと」として捉えている。

一人さんは、そういう「楽しさ」に目を向けるんですよね。

世間の「当たり前」とは違った角度から未熟という言葉を受け止め、「未熟だからこそ楽しい」「未熟な人生って最高だよ」って言うのです。

立派って、俺にとってはつまらないんだ

未熟の反対と言えば、完熟です。

完熟って、たとえばフルーツなんかだといちばん熟しておいしいタイミングですが、逆に言うと、そこが成長のピーク。ちょっと言い方は悪いけど、その先はもう成長できない「行き止まり」みたいな印象でしょう?

あとは実が落ちて終わりっていうか(笑)。

もちろん植物においては、そこから次の代に子孫を残すという大事なお役目もあるわけで、完熟は子孫繁栄のために絶対に必要なステージです。

いつまでも未熟な植物じゃ、絶滅しちゃうから(笑)。

ただ、人間はそうじゃないですよね。

人間の場合は、完熟を「立派」という言葉に置き換えたほうがわかりやすいと思いますが、別に立派じゃなくても子孫は残せます。

むしろ、常識にとらわれず立派を目指さない生き方をしている親のほうが、子孫（子ども）にも都合がいいのではないでしょうか。

立派にこだわらない親のほうが、子どもは伸び伸びと自由に育ちますよね。

それなのに、なぜかみんな立派を目指して苦しむ。

一人さんは言います。

「俺は昔から立派が好きじゃないんだよね（笑）。**立派より未熟のほうがはるかに好き**だし、ふとどき不埒《ふらち》な人生がいちばんいいな（笑）。

立派な人生って、一人さんにとっては本当につまらない。

だって、立派でいようと思うと、自分を実力以上に見せなきゃいけないでしょ？

そんなのくたびれてしょうがないよね。

立派に生きること自体も疲れるけど、立派じゃないことがみんなにバレやしないかっていつもビクビクしなきゃいけないのも大変だよ。そんな息を抜く暇もない人生なんて、苦しいだけです。


だったら、最初から〝俺は未熟です〟と言ってるほうが気楽だよね。

未熟だと言いながら生きていれば、失敗したって周りも、〝本人が未熟だって言うんだからしょうがない〟と思ってくれるんじゃないかな。

それに、未熟と言いながらちょっと成功すると、〝なかなかやるな〟って思ってもらえたりしてトクだよ（笑）。

もちろん、世の中には立派なのが好きな人もいるから、そういう人は立派に生きることで成功するし、幸せなんだよね。

ただ、少なくとも一人さんの場合はそうじゃない。

だから俺は、**昔からずっと自分のことを未熟だと言い続けてきたし、今は昔以上に未熟だと思っています。**そしてこれからも、ますます未熟で生きていくよ」

神様から見たら誰だって未熟なんです

若いときには、未熟であることを受け入れやすいと思います。世間からも、「若者は未熟で当たり前だ」という前提でゆるされやすいですよね。

が、年を取った途端に、未熟に反発し始める（笑）。

大人になったら、もう未熟はゆるされない。多くの人がそう思い込んでいて、大人になったら、「立場にふさわしい生き方をしなきゃ」「人に見られて恥ずかしくないふるまいをしないと」って、急に立派を求め始めるわけです。

そんな、常識に縛られた大人に向けて、一人さんはこんなメッセージを発信しています。

「社会に出ると、どうしても年齢とともに立場を考えなきゃいけなくなったり、それなりの地位についたりすることもあるよね。

そうすると、マジメな人は、〝未熟じゃダメだ〟って、無意識のうちに〝立派〟を背負っちゃうんです。

自分で自分の肩に荷を乗せてしまう。

自分で自分を苦しめてしまうの。

でもね、そんなに力む必要はないよ。

人間ってみんな未熟なんだから。

未熟なのはあなただけじゃない。あなたの同僚も、上司も、社長も、神様の目から見たらみんな未熟なんです。

こうして人間に生まれた時点で、俺たちは神様から命をもらっている。**神様にしてみれば、この世の人間は全員未熟なの。**

完璧な存在がいるとしたら、それは神様だけです。

人間は未熟だからこそ、この世界に〝楽しく修行する〟ためにやってきているんだよね。完璧だったら、もう人間として生まれてくるはずがないんです。人間の世界にいるってことは、それだけで未熟な証拠だよ。もっと〝未熟でいいんだ〟という気持ちを持ってごらん。すごく心が楽になるから」

未熟が明るい人生を引き寄せるよ

僕たちは、人間である限り完璧にはなれません。つまり、立派を目指しても立派にはなれないし、そもそも立派になる必要はない。

だったら、いっそのこと「未熟でいい」と思ったほうが肩の力が抜けます。未熟である限りずっと成長し続けると思えば楽しいし、人生だって格段におもしろくなる。そう考えると波動もよくなるから、むしろ「昔は未熟だった。今はもっと未熟、未来はますます未熟」のスタイルを貫いたほうが人生も開かれるよって一人さんは言います。

「立派を目指して肩の荷を下ろせないでいると、波動が重いほうに傾いちゃうんです。

あれこれいっぱい荷物を背負うと、苦しいでしょ？　重くて疲れるよね。

マジメなのが悪いわけじゃないけど、あまりにも〝遊び〟がない人は、明るくて楽しい波動になりようがない。立派すぎる人は、つまらない波動になっちゃうの。で、その波動がますます苦しくてつまらない人生を引き寄せるんだよ。わかるかい？

その点、自分は未熟だと思いながら生きていると、楽しい波動がじゃんじゃん出る。**未熟を受け入れるだけで人の心は軽くなるし、明るさを増す**からね。

タツヤの講演会がおもしろいのだってさ、タツヤがふとどき不埒《ふらち》な人生を楽しんでいるからだよ（笑）。タツヤも、なんだかんだで一人さんに負けないくらいの不真面目ぶりでしょ？（笑）

だけど、そういうタツヤだから愛されるし、その楽しい波動が、みんなに〝また会いたい〟と思わせて、講演会だってリピーターさんがどんどん増えていくの。

タツヤの未熟の波動は、すごい魅力なんだ。

もしタツヤがマジメでお堅い人間になっちゃうようなら、途端に講演会もつまらなくなっちゃうだろうね（笑）。でもそれじゃタツヤのファンも困っちゃうから、これからも精いっぱい不真面目に生きてもらわないと（笑）」

もちろんです！

僕は「斎藤一人 特別弟子」というすばらしい肩書きをいただいていますので、その名に恥じないよう、ふとどき不埒な人生を全うします！（笑）

自分の未熟を認めると人をゆるせるんだ

人間関係で起きる問題は、大抵はネガティブな感情が絡むのが原因です。

という前提で言えば、「人をゆるす」「人に優しくする」ことが、良好な人間関係の肝といえます。

自分にはもちろんですが、周りの人に対してもマジメや正しさを強いることをなくせば、自然と人間関係で問題が起きにくくなると一人さんは教えてくれます。

「昔は未熟だった、今はもっと未熟、未来はますます未熟。

そう思いながら生きていると、ほかの人がちょっといい加減なことをしたり、失敗したり、気遣いができなかったりしても、イライラしなくなるんです。

誰に対しても、〝みんな未熟だからしょうがないよね。この人はこのままですてきだし、完璧なんだ〟っていう優しい気持ちになれるの。

一人さんは滅多なことじゃ怒らないんだけど、それはきっと、自分のことを未熟だと思っているからだろうね。

俺みたく、〝彼女を40人に絞るのが大変なんだ〟とかって公表している精神論者はほかにいないと思うけど、これだけ未熟全開で生きていたら、人にイライラすることなんてない（笑）。

大抵のことは、〝俺だって未熟だしな〟でゆるせちゃうからね」

自分が未熟であることを認めると、人をゆるせる。

人をゆるせたら、人間関係で問題が起きることはなくなるし、対人トラブルがなければ、仕事も家庭も全部うまくいく。

未熟であることを受け入れるって、自分の周りみんなの幸せにつながるんですよね。

「未熟を否定する自分」という未熟をゆるしな

自分が未熟であることを認めるのは、嫌なことをやめる勇気にもつながります。

我慢をやめたいのに、周りの目が気になってやめられない。人に悪く言われるんじゃないかという恐怖心で、やめる一歩が踏み出せない。……そんな人は、「どうせ自分は未熟だから」と思えばいいですよね。

人になにを言われようと、「未熟な私は、もう我慢できません」って突っぱねたらいい（笑）。そこまで言えないにしても、それくらいの強い波動を持っているだけで、周りの反応は違ってくると思います。

それでも嫌なことがやめられない人に、一人さんからのアドバイスです。

「自分は未熟だと思っても、嫌なことがやめられないっていう人がいるんです。

それはやっぱり、心の奥のほうではまだまだ自分が未熟だと思えてないし、未熟はダメだという考えから抜け出せていないってことだよね。

つまり、〝自分の未熟を受け入れられない〟という未熟さ、〝未熟はダメだという考えから抜け出せない〟という未熟さなの。

ややこしいけど、伝わるかな？（笑）

結局のところ、未熟に否定的なんだよね。

だとしたら、そういう未熟すらゆるせばいい。

自分が未熟だということすら受け入れられない自分は、本当に未熟だなぁ。でも、そんな自分でもまぁいいか。こんな自分もアリだよねって受け入れてあげな。

それをいちいち自己否定ばかりするから、いつまでも未熟が受け入れられないし、嫌なこともやめられないんだと思います。

要は、自分をいじめすぎなの。

あなたの魂は、多分、

〝もっと自分を大切にして欲しい〟

〝自己否定ばかりしないで、かわいがって欲しい〟

そんな悲鳴を上げているんだろうね。

その声に気づいてあげな。自分を肯定してあげな。

あなたはそのままですてきなんだから」

チャンスがそこらじゅうにあることに気づけるよ

もう一つ、一人さんが大切なことを教えてくれましたのでご紹介しますね。


「人生は何度でもやり直しがきくし、チャンスなんていくらだってある。

そのチャンスを摘み取ってしまうのは、自分の心なの。失敗を怖れてばかりで、前に踏み出さない人にはチャンスは来ないんです。

失敗したからっていつまでも下を向いている人には、目の前にチャンスがあったとしてもそれが見えないんだよね。


その点、未熟な自分を受け入れている人は、

〝未熟な自分が失敗するのは当たり前〟

〝未熟なりにやってみよう〟

って挑戦する心を忘れないから、必ずチャンスが巡ってくる。

それどころか、未熟な人は、〝未熟だからチャンスを見逃さないぞ〟っていう姿勢にもなるだろうから、だんだん見る目が養われてきて、**そこら中にチャンスが転がっていることに気づく**の。

勘も鋭くなって、すごいアイデアで成功するんだ」

対談5

目の前の人は「神様が出してくれた人」

斎藤一人×鈴木達矢

タツヤ　一人さんって、目の前に悩んでいる人がいると、徹底的にその人の味方をしますよね。

たとえば、お姑さんとうまくいってないお嫁さんがいるとして、その人に直すべきところや反省すべきところがあったとしても、それを絶対に指摘しない。

「お嫁さんも立場があるから大変だよね」

「あなたはよくがんばっているよ」

って、徹底的にその人の味方をするんです。

一人　じゃあ、お姑さんが相談しにきたらどうするんですかって、今度は徹底的にお姑さんの味方になっちゃうの（笑）。これにはちゃんと理由があってね。

目の前に現れた人って、自分と縁のある相手なんです。一人さんのところに相談に来てくれる人も、縁があってわざわざ一人さんを選んでくれたの。

そういう相手のことを、俺は「神様が出してくれた人」だと思っているわけ。

神様が出してくれた相手に優しくすると、自分の運もよくなるし、相手の運もよくなる。そのことを知っているから、俺は目の前の人を責めたりしないんだよね。責めないで味方する。それも、ただの味方じゃないよ。徹底的に味方するんです。

それでうまくいくんですかって、一人さんの経験では、そのほうがうまくいくよ。

だから俺は、「目の前にいる人のことを徹底的に味方する」ということだけは絶対に守ろうと決めているんだ。

タツヤ　一人さんのところには、まだ一人さんが子どものときからいろんな人が相談に来ていたそうですが、そういうスタイルは昔からずっと同じなんですか？

一人　そうだよ。俺は子どものときから、悩んでる大人の相談に乗っていたの（笑）。で、目の前の人に対して、「それはあなたが悪いですね」「あなたのここを直したほうがいいですよ」「こういうふうにしたほうが正しいですよ」みたいなことは、一度も言ったことがないの。

全員に対して、いつも真剣に味方をしてあげてきたよ。徹底的に味方してきた。だから、お嫁さんの味方もすれば、お姑さんにも味方する。旦那が来れば、旦那のことも味方するしさ（笑）。

タツヤ　旦那さんの場合は、女性に比べたらちょっと味方の度合いが少なくなるんじゃないですか？（笑）

一人　そうかもわかんない（笑）。俺は女性は好きだけど、男は嫌いだから、旦那が来た場合は多少、控えめな味方になる可能性があるね（笑）。

一人さんは女性びいきなので、そこは悪しからず。というのは冗談だけど（笑）。

でもね、みんなも目の前にいる人のことを徹底的に味方してあげるといいですよ。そうすれば相手が喜ぶし、元気になるから。

タツヤ みんな、人から相談されると、つい正論を言っちゃうんですよね。正しいアドバイスをしてあげることが、相手のためだと思っていて。

一人 自分の悪いところを指摘されたり、わかっちゃいるけどできないことを畳みかけるように言われたりすると、言われるほうは苦しくなるんだよね。

だから、うまく解決できないの。

相談に来る人ってね、口では「客観的な意見が欲しい」「自分に悪いところがあったら教えて欲しい」とか言うんだけど、本心では自分の味方をしてもらいたいんだよ。

悪いところを指摘されたい人なんていないよ。

みんな励ましてもらいたいし、褒められたいんです。

タツヤ　なるほど、そうですね！

わかりやすい例でいえば、不倫がやめられず悩んでいる人とか。

こういう場合、世間的に正しい意見というのは、「そんなことやめなよ」「あんないい奥さん（旦那さん）がいるのに、悲しませちゃダメだよ」「相手の家族に申し訳ないよ」みたいなことだと思うんですけど、そんな正論は本人もじゅうぶんわかっているんですよね。

既にほかの人からも、「不倫はやめな」って言われていると思います。

それでもやめられないから悩んでいるのであって。

もちろん、正論が悪いわけじゃなくて。正論も大切だけど、人間の感情はそう簡単に割り切れるものじゃないですからね。

一人　だから、一人さんのところにはじゃんじゃん相談が来るんだと思うよ。

俺は常識破りのスペシャリストだから、みんな「一人さんだけは私の味方をしてくれるだろう」ってわかっているんだね（笑）。

一人さんだったら、「楽しくやりな」「好きな人がいていいね」「恋って最高だよ」みたいなことを言ってもらえると思って相談に来てくれるんだから、やっぱりその気持ちに応えてあげたいじゃない。

俺のところは不倫のよし悪しを語る場ではなく、**心を軽くする場**だから。

タツヤ　心を軽くしたくて悩み相談に来たのなら、その気持ちに応えてあげるのが、相手の心に寄り添うってことでしょうね。

それなのに、みんなすぐ正論で追い打ちをかけるようなことを言ってしまう。ことに、自分が不倫とかしたことがない人って、ほかの人に対しても厳しい傾向にあるから……。

一人　別に自分は不倫しなくてもいいんだよ（笑）。ただ、あなたを頼って相談に来た人がいるんだったら、ダメなところもゆるしてあげたらいいじゃないっていう話で。

ゆるすというか、味方になってあげなってこと。

誰だって、自分の味方になってもらえるとうれしいもんだよ。

悩んでいるときって、すごく孤独なんです。この世に自分の味方はいないんじゃないかっていう孤独感のせいで、ますます悩みが深くなることもあるの。

せめて、その孤独感くらいは癒してあげたいよねって。苦しんでいる人がいたら、肩の荷を少しでも下ろしてあげたいじゃない。

そのときに、「この人は、神様が自分の前に出してくれた縁のある相手なんだな」って思うの。そうすると、味方することに対する抵抗もなくなるよ。

タツヤ　深い話です。だから一人さんは、あんなにも目の前の人を徹底的に味方してあげるんですね。

一人　**この世界って、正論がいつも正しいとは限らない**んだ。

人の心が絡んだ問題はなおさら、正しいことを言えばいいわけじゃないよね。

タツヤ　ちなみに、過去には「私は誰かに相談されることがなく、人に信頼されていないのかと心配になります」という人もいたのですが、こういう場合はどんなアドバイスをしたらいいでしょうか？

一人　たぶんこういう人って、相談めいたことをされたとしても、真剣に味方してあげてないんだと思うよ。世間的な常識ばかり言ってないか、相手の味方ができているだろうかって考えてみるとわかるんじゃないかな。

あなたが、「この人だけは自分の味方をしてくれる」と思われるようになれば、いくらでも相談は来ると思いますよ。

第6章

「ダイヤモンドのご真言」で龍神様が味方するよ

たった4回唱えれば神様と波動が合う不思議な言葉

一人さんが昔から言い続けている言葉のなかに、

「このことがダイヤモンドに変わります」

というご真言《しんごん》があります。

これも、第4章でお伝えした「ふわふわ」と同じように、今の時代に求められる言霊《ことだま》ということで、そのエネルギーがグングン増強している、いわば旬の言葉。

どんなに災難に思えることでも、「このことがダイヤモンドに変わります」と唱えると、神様がそれを幸運に変えてくれるよっていう、「ふわふわ」に匹敵する最強の言葉と言えます。

ダイヤモンドのご真言は、「神様と波動を合わせる」ことが最大の特徴だと、一人さんは言います。

「神様のご加護をいただくには、神様の波動と自分の波動を合わせるといいんです。だけど人間は神様じゃないから、なにもしなければ波動を合わせられない。人間と神様の間には、どうしても波動のズレがあるんだよね。

そのズレをうまく調整してくれるのが、〝このことがダイヤモンドに変わります〟という言葉です。

この言葉を4回唱えると、どんな人でも言霊の力で神様と波動が合いますよ。神様と波動が合って、悪いことを全部、ダイヤモンドのようにまばゆく輝くものに変えてもらえますよっていう言葉なの。

ただし、4回というのは、〝大抵の人は4回で神様と波動が合う〟という目安みたいなもので、厳密に4回言わなきゃいけないわけではありません。

日頃から神様の生き方をなぞるようにして生きている人の場合は、1回言うだけで波動が合うってこともある。2回で波動が合うとか、3回で合うって人もいるけど、4回言えばほとんどの人がちゃんと波動を合わせられますよっていう意味です。

じゃあ、10回、20回と回数を増やせば、もっと神様と波動が合いますかって、そういうことを言い出すと途端に重くなる（笑）。

自分の都合に合わせて、〝時間があるから4回〟〝今日は1回の気分だから〟みたいな感じで自由に変えていいし、それくらい軽い心で唱えてもらいたいんだよね。

神様は、〝絶対こうしなきゃいけない〟っていう縛りや重いのをいちばん嫌がるんです。

そもそもこの4回という数字が神様から降りてきたのだって、〝重くなるといけないから、4回くらいでいいよ〟っていうメッセージなの。そんなに欲張って言わなくてもいいよって」

これは「ふわふわ」の言霊も同じですが、すでにこの世界は、軽くなきゃいけない時代に入っている。細かいことを気にするより、**神様と波動を合わせることに意**

識を向け、軽い気持ちで唱えることが大きなポイントなんですね。

そういう意味では、「一語一句間違えないようにしなきゃいけない」とか、声に出すか出さないか、みたいなことも気にする必要はありません。

ダイヤモンドのご真言は、「ふわふわ」よりも少し文章っぽいというか、長い言葉になります。うっかり言い間違えたり、言葉に詰まったりすることもあると思いますが、まったく問題ないし、そんなことで効力が薄れることもありませんからね。

それよりも、重い気持ちになるほうがよほどパワーは削《そ》がれてしまうでしょう。

なにしろ、相手は神様です。

一人さんいわく、

「神様は近所のうるさババァじゃないんだから、いちいち細かいことに目くじらなんて立てないよ。そんな暇じゃない（笑）」

ということですから、間違えても安心してくださいね。

龍神様がハヤテのごとく飛んで来てくれるんだ

ダイヤモンドのご真言は、神様と波動を合わせる言葉です。

じゃあどんな神様と波動を合わせるんですかっていうと、実は龍神様なんですね。

「このことがダイヤモンドに変わります」

そう4回唱えるだけで、龍神様を呼び寄せることができる。

「ダイヤモンドのご真言は、いわば龍神様を誘う呼び笛のようなもの。

どこで誰が呼ぼうと、**この言葉一つでハヤテのごとく龍神様が飛んで来てくれて、その背中に俺たちを乗せて〝幸せな場所〟〝成功の世界〟へ運んでくれるよ**」

と一人さんは言います。


龍神様といえば、龍使いになる方法や運気を上げる龍神様とのつき合い方など、今、たくさんの本が出ています。

僕も気になって何冊か手に取ったことがあるのですが、一人さんとはなゑ社長（一人さんの直弟子、舛岡《ますおか》はなゑさん）の本『斎藤一人　龍が味方する生き方』（マキノ出版）以外、これがなかなか難しくてハードルが高い。

龍神様に関われるのは、それなりに修行を積んだ人だけ。普通の人がいきなりパッと龍神様を呼び寄せることは難しい。そんな印象なんですね。

ただ、こういう難しさも神聖な感じがしていいと思う人もいますから、これはこれで必要な考え方だと思います。

一方で、一人さんが教えてくれているのは、

「誰でもすぐに龍神様を呼び出せるよ」

「龍神様はいつもみんなのすぐそばにいる」

「特別な人しか龍神様とご縁できないわけじゃないんだ」

という考え方。

子どもだろうと大人だろうと、気軽に龍神様と関われるし、自分で最高にツイてる人生にできるっていうラフさがあるんですよね。

龍神様を呼び寄せるのは簡単だし、心を軽くすれば、どんな人でも龍神様の背中に乗ることができる。龍神様の背中に乗った人は、今よりもっといい世界、もっと幸せな世界へどんどん運んでもらえるよって。

もちろん、龍神様の背中に乗れるといっても、実際に乗れるわけではなくて（笑）。この肉体ではなく、心が乗るよっていう形のない世界の話ですからね。

だけど、それが誰にでもできるっていうのだからすごい！

これが一人さん流の醍醐味《だいごみ》であり、絶対的な幸せに導く最高の教えなのです。

心が軽くなって龍神様の背中に乗れるんだ

龍神様の背中に乗ると、その瞬間に道が開けます。

困ったことは解決に向かいますし、嫌なことから解放され、不思議と自分の望む現実がもたらされます。要は「引き寄せ」が始まるわけですね。

このことを、僕たちはよく**「次元が上昇する」**と表現します。

次元という言葉を難しく考える人がいるかもしれませんが、簡単に言うと「選択によって変わる世界」のことです。

自分がどんな選択をするかで、未来はよくも悪くも変わるよ。

いい未来へ行くのが「次元が上昇」で、今より悪い状況の未来は「次元が下がる」、ということになります。

そして、次元の上げ下げを決定するのは、自分の「心の軽さ」である。

そんなイメージで大丈夫です。

ダイヤモンドのご真言にも、「ふわふわ」の言葉と同じように心を軽くする作用があります。そして、言葉一つで龍神様を呼び寄せることができる。

龍神様を呼び寄せられるのも、その背中に乗ることができるのも、**心の軽い人に限られます。**心の重い人は、そもそも龍神様を呼び出すこともできないし、もし龍神様の背中に乗ったとして、その重みで落下してしまいます。

心が軽い人は、かけ声のたびにじゃんじゃん龍神様を呼び出し、その背中に乗って間断なく次元上昇し続けるわけです。

心が軽くなれば、そもそも明るい波動に変わりますから、その明るい波動がさらに明るい未来を引き寄せて幸せになる。楽しい人生になる。

という考え方もありますが、これもやはり、次元が上昇することと同じです。

いずれにしても、キーワードになるのは心の軽さ。

心が軽くなりさえすれば、龍神様がどこまでも次元上昇させてくれますから、僕たちはなにもしなくていい。ただ、ダイヤモンドのご真言を唱えるだけ。

こんな楽な話はないと思うのですが（笑）、実は幸せになるのって、それくらい簡単なことなんですよね。

嫌なこともダイヤモンドに変わるんです

みなさんも想像がつくと思うのですが、頂点に立つと、それをうらやむ人が出てきます。

多くの人は「すごいね！」「私もあやかりたい！」という好意的な気持ちで見てくれますが、どんな人格者であっても、世界中の全員から好かれることはありません。

それは一人さんも例外ではなく、納税日本一ともなれば、うれしくもない噂をされたり、縁もゆかりもない相手から非難されたりすることがありました。週刊誌などのマスコミからも、些細《ささい》な言動を曲解した記事を書かれたり……。

そうすると、周りにいる僕たちはものすごく不愉快なわけです。「俺たちの一人さんに、なにするんだ！」ってなる。

僕も当時は、一人さんに許可なく記事を載せた週刊誌は買わないぞって、怒りに震えて不買運動もしました。といってもひとりだけの不買運動だから、相手にはなんのダメージもなかったけど（笑）。

そして、なぜか一人さんになだめられるというオチ（笑）。

一人さんって、昔からそういう人なんです。

一人さんは、仲間を守るためなら烈火のごとく怒りますが、自分のこととなるとまったく怒りません。

相手を責めたり追い詰めたりせず、静観するというか、

「いちいち目くじら立ててもしょうがないよ」

って言うんですね。

なぜそんなに落ち着いていられるのかというと、一人さんはダイヤモンドのご真言を味方につけているからです。自分はいつも龍神様から守られていると知っているから、大抵のことは「些細な問題だからね」ってなにもしない。

もちろん、一人さんだって僕たちと同じ人間です。いくら器の大きい一人さんだからって、自分のことを悪く言われたり、プライバシーを侵害するようなことを勝手に書かれたりしたら、楽しいはずはないですよね。そういうことが起きたときに喜ぶ人なんていないと思います。

だけど一人さんは、ただ黙っている。誰に対してもいっさい反論しないし、わざわざ自分について説明することもありません。

といって、その状況を我慢しているのとも違うんですよね。

ダイヤモンドのご真言がある。龍神様がいつも守ってくれる。それを体感してきているから、あえてアクションを起こす必要はないという冷静な判断です。

それでどうなったかと言えば、嫌なことは全部ダイヤモンドに変わりました。

会社の売上はどんどん伸びたし、みんなますます楽しく働いて、一人さんの周りはいつも笑顔でいっぱいです。

最高の仲間と、最幸の時間を生きている。

そんな一人さんの姿から、僕たちは日々、心の軽さを学んでいます。

モヤモヤも罪悪感も全部、龍神様にお任せしな

ときどき、「ダイヤモンドのご真言を唱えていると、突然、フラッシュバックのように嫌な過去を思い出して苦しくなることがあります」と言う人がいます。ご真言を唱えていると、ずっと心を重くしてきた原因や、心の奥にしまい込んでいたつらい過去が浮き彫りになることがあるんですね。

それはきっと、あなたの魂の「もうこのことで苦しむのはやめようよ」という声だと思うのです。ダイヤモンドのご真言によって、あなたの魂が「これも浄化して欲しい」「重い記憶を全部ダイヤモンドに変えて欲しい」と、心を重くする原因に気づかせてくれている。

だから、もしご真言を唱えているときにそういう現象が起きても不安に思わず、

龍神様にお任せしたらいいよって一人さんは言います。

「嫌な過去を思い出しても、龍神様が全部引き取ってくれるから大丈夫なの。つらい記憶は心を落ち込ませるけど、それはあまり気にせず〝龍神様、お願いします〟という気持ちで心を預けるといいよ。

そうするとモヤモヤを全部持って行ってくれるし、いずれダイヤモンドになって戻ってくるからね。

あなたをモヤモヤさせるつらい過去のなかには、〝人に迷惑をかけた過去〟〝人を傷つけてしまった過去〟みたいなことがあるかもしれません。思い出すたびに、罪悪感で苦しくなったり気が重くなったりするんだよね。

でも、**そういう記憶すらも龍神様にお任せすればいい。**

ダイヤモンドのご真言を唱えると、〝まるで自分だけが助かろうとしてるみたいでつらい〟〝相手は今も苦しんでいるかもしれないのに〟っていう人もいるけど、そんなことないんです。

龍神様があなたのモヤモヤを引き取ってくれるときは、過去にあなたが迷惑をかけた相手のことまでダイヤモンドに変えてくれます。あなたがダイヤモンドのご真言を唱えると、相手も心が軽くなるし、明るい未来に導かれる。

だから安心して龍神様にお任せしな。**龍神様は神様だから、あなたの想像を超える力があるし、あなたが思いもよらないことを現実にしてくれる**からね」

そもそも、生きていればみんな大なり小なり人に迷惑をかけるものです。

誰だって失敗するし、恥をかきながら生きている。

あなただけが人に嫌な思いをさせているわけじゃないし、そもそも罪悪感があること自体、もうじゅうぶん反省しているということだと思います。

いつまでもクヨクヨしていると、その暗い波動のせいで、周りの人に迷惑をかけてしまいます。そう思って、あまり落ち込まないようにしてくださいね。

あなたの現実が変わらない理由はコレだよ

ダイヤモンドのご真言を唱えているのに、なぜか心が軽くならない。いくら言っても現実が変わらないという人は、きっと心のどこかで、「自分で撒《ま》いた種は自分で解決しなきゃ」と思っているからだと思います。

龍神様の力をどこか信じていないし、ご真言を唱えながらも、まだ自分で自分を追い詰めている。だからうまくいかないんですよね。

いくら龍神様が神様でも、自分を信じてくれない人を手助けしようとは思わないでしょう。そんな人、僕だって嫌ですよ（笑）。

こんなたとえ話があります。

あなたの会社に、いつも嫌味を言ってくるお局《つぼね》様がいるとします。

毎朝、あなたは「今日も嫌味を言われたら嫌だなぁ」と思いながら出社しますが、会社に行くとやっぱり嫌味を言われます。１００％の確率です（笑）。

そこですかさず、あなたは心のなかで、「このことがダイヤモンドに変わります」と唱えました。

ダイヤモンドのご真言は、なんでもないときから唱えていると運気が底上げされますが、不意に嫌なことがあった、心がモヤモヤしたときは、その瞬間に言うのも大きな効果があるんですね。


熱心なあなたは、家にいるときも会社でも、ひたすらダイヤモンドのご真言を唱えます。誰もいない場所では声に出し、周りに人がいるときは心のなかでつぶやきながら、朝から晩まで唱え続けました。

ところが、……いつまでたってもお局様の嫌味は減りません。

心のモヤモヤも大きくなる一方で、どんどん重苦しさが増していくのです。

これが、まさに「自分で解決しようとしている」典型的な例だと思います。

表面的にはダイヤモンドのご真言を唱えていても、心のなかには、「ただ唱えるだけで本当に大丈夫なの？」「そんな簡単に問題が解決するはずがないよね」みたいな気持ちがあるのではないでしょうか。

あえて言いますが、**いっそ龍神様に丸投げしたらいい**んですよね。もっと龍神様を信用して、全部頼っちゃえばいい。

目には見えなくても、龍神様って本当にすごい力があるし、優しい神様です。お願いすれば必ず手助けしてくれる。

一人さんは言います。

「龍神様にすべてをゆだねると、本当に心が軽くなるし、波動も強くなる。

龍神様がうまく取りはからってくれるから大丈夫だっていう安心感が、あなたの波動を強くするんだよね。

そうすると、嫌味なお局様に対しても嫌味を言わせせない空気感が出るの。強い波動、強いオーラでお局様の嫌味を跳ね返しちゃうんだ。

それまでは、〝また嫌味を言われるなぁ〟〝嫌だなぁ〟っていうビクビクの波動が出ていたから、バンバン嫌味を投げられたの。

だけど龍神様に安心感をもらうと、〝嫌味くらい跳ね返してやる〟っていう波動に変わるから、その波動を察知したお局様は静かになる（笑）。

それどころか、お局様が急に優しくなって、〝いっしょにお茶でもどう？〟なんて誘ってくるかもわかんないね（笑）。あるいは、お局様が自分から会社を辞めたり、部署異動で顔を合わせることがなくなったり、あなたに都合よく環境が変化するかもしれない。

どんな形かはわかりませんが、**いずれにしてもあなたの問題は解決する**んだ」

ツイてる一日にするにはスタートが大事なんだ

言霊やご真言は、いつでも、何回でも自分の好きなように唱えてかまいません。

という大前提ではありますが、僕がすごくオススメだと思っている唱え方がありますので、最後にそれもご紹介しておきたいと思います。

僕は毎朝、目が覚めた瞬間にダイヤモンドのご真言を唱えるのが日課です。起きて歯を磨いたり、顔を洗ったりした後ではありません。朝が来て目を開けた直後に、布団のなかで、「このことがダイヤモンドに変わります」と4回唱える。

もちろん、唱え忘れちゃいけない、絶対に毎日言わなきゃっていう義務感でなく、目が覚めたときに思い出したら言う程度ですけど、やっぱり唱えた日はすごく気持ちがいい。高い波動で一日が始められるし、一日中、心身が軽くて絶好調なんです。

この感覚について、一人さんに質問してみました。

「確かに、起き抜けに、〝このことがダイヤモンドに変わります〟って唱えると、一日をいい波動で過ごせるだろうね。

ダイヤモンドのご真言は、神様の波動と自分の波動を重ね合わせる言葉。

一日のスタートを神様の波動で始めるんだから、そりゃツイてる一日になるよね」

几帳面な人は、「身支度を整えてからでないと、龍神様に失礼なのでは？」「神棚に手を合わせてからご真言を唱えたい」みたいなことを思うかもしれませんが、もちろんそれでもいいです。どちらでもかまいません。

ただ、先にお伝えしたように、神様はいちいち細かいことを指摘しないので、顔が汚れていてもいいし、パジャマ姿でも、寝転がったままでもまったく問題ないと思います。

僕の場合はよく寝坊するので、身支度をした後にゆっくり唱えている時間もないし、そもそも手間のかかることは苦手だから（笑）。そういう人は、朝、目が覚めた瞬間に唱えるっていう習慣にしておけば、無理なくできるんじゃないかな。

身支度した後に時間があるんだったら、神棚に向かってもう一度唱えてもいいですしね。

それともう一つ。これもマジメな人にありがちなのですが、たまに「一人さんに教わった言霊やご真言を、毎日、全部言ってます」という人がいて（笑）。それこそ「天之御中主様《あめのみなかぬしさま》（※）　お助けいただきまして　ありがとうございます」から始まって、過去に教わった言葉を一つ残らずつなげて言うのだとか。

もちろん、好きな言霊やご真言があればいくらでも言えばいいし、それがその人にとっての正解です。ただ、あまりにも長い言葉になると唱えるのも大変だし（笑）。大変なことは長続きしないでしょう？

ダイヤモンドのご真言って、実はいままで一人さんが教えてくれた言葉の意味のすべてが含まれていて、それもすばらしい点なんですね。つまり、**このご真言だけで全部唱えたのと同じになる。**

だったら、ダイヤモンドのご真言だけを、一点集中で唱えたらいいのではないでしょうか。そのほうが、グッと力も入ると思いますよ！

（※）天地開闢《かいびゃく》（世界のはじまり）のときに生まれたとされる最初の神様のひとり。

対談❻

自分と他人のために動く人には神が味方するんだ

斎藤一人×鈴木達矢

タツヤ　いま僕がいちばんピンときているのが、一人さんに教わったこの言葉です。

「自分のために動く人には、自分しか動かない。
他人のために動く人には、他人が動く。
自分と他人のために動く人には、神が味方する」

自分のためだけに動いても成功しないことは、みんなもよく知るところでしょう。
ただ、他人のために尽くすだけでも人生うまくいかないことは、まだまだ腹落ちできていない人がたくさんいるように思います。

本当の幸せは、もう一段上の「自分と他人」の両方のために動かないと得られない。

このことを、僕は改めてご紹介したいと思います。

一人　これは、この世界の基本的な法則とも言える、大事なメッセージです。まず、自分のためにしか動かないのは自己中心的だし、自分のことしか考えない人には誰も協力しようと思わないよね？　なにかに挑戦しても、周りのサポートなしに自力でがんばらなきゃいけない。

それだと大変だから、やっぱりこの方法で成功するのはすごく難しい。

タツヤ　だからといって、自分のことを二の次にして、他人のためばかり考えるのもダメなんですよね。

一人　もちろん、ほかの人のために動ける人は、いざというときに周りの手助けが得られやすいから、**自己中心的な人に比べて成功する可能性はグッと高まる**よね。

だけど「家族のために」「会社のために」「周りの人のために」って自分の幸せを後回しにしていると、神様は味方してくれないんです。そうすると、いま一つ成功しきれないっていうか、成功したとしてもどこか満たされなかったりする。

神様は、俺たちに滅私奉公みたいなことを求めてはいません。

みんなが幸せになることを望んでいる。

タツヤ　だから、自分と他人の両方が笑顔になることを考える人には、神様が味方してくれるんですね。

神がかった成功をさせてくれたり、奇跡を起こしてくれたり。

一人　そういうこと。**神様が味方してくれると、成功するだけじゃなく、心も満たされて本当の意味で幸せになれる**よ。

商売だって人間関係だって、全部うまくいくから。

タツヤ　最近、テレビでよく「爆盛り」をテーマにした番組を見かけます。そこに出てくる食堂やラーメン屋さんで、あまりにも値段が安いと、一人さんはいつも「これは心配だね」って気にかけますよね。

一人　たとえば、別の事業でちゃんと黒字が出ている会社の社長が、「爆盛り食堂は趣味でやってます」って言うんだったらわかるよ。でも、爆盛り食堂がメインの仕事で、しかもそれが赤字の場合は、ちょっとよくないねって。

確かに、数百円で大盛りの料理が食べられたら、お客さんはオトクかもしれません。でもね、そのために裏でお店が泣いていたんじゃしょうがないよ。

お店の経営が成り立たなくなってつぶれちゃったら、結局、お客さんにとっても損でしょ？　好きなお店には、ずっと残って欲しいよね。

タツヤ　前に、そういうお店の裏側について聞いたことがあるのですが。あまりにも利益が出ないから、オーナーさんやその家族が別のところでアルバイトをして、なんとかお店を支えていたんです。

自分でお店をやりながら、ウーバーイーツ（フードデリバリーサービス）で配達のアルバイトをしたり……。

涙ぐましくて、どうしてこんなことしてるんだろうって。

一人　そういうお店の人たちは、みんな口を揃えて、「お客さんのために」って言うんだけど、全部お客さんにつぎ込んじゃって、自分や家族を犠牲にしているんだよね。

一見、美談のように感じるかもわかんないけど、我慢ばかりさせて自分がかわいそうだよ。家族もつらいよね。

利益は、ちゃんともらわないとダメなんです。利益がなきゃ、お店が老朽化しても修理すらできないんだよ。

オーナーさんに子どもがいるとして、万年赤字でひいひいしてたんじゃ、自分の子に跡を継いで欲しいとも言えないだろうし、子どものほうだってそんなの嫌だよね。

その点、しっかり利益が出ていれば、子どもだって興味を持つ。ひょっとしたら、親御さんが頼まなくても、自分から跡を継ぎたいと言い出すんじゃないかな。

それとね、100円や200円の値上げで来てくれなくなるお客さんだとしたら、最初からその程度のつき合いだと思えばいいよ。

タツヤ 本当にお店を大事にしてくれるお客さんだったら、「お金を払うから、ちゃんと利益を出してね」って思うものですよね。

モノでも食べ物でも、適正価格というものがあります。その範囲内で、なおかつ魅力的なお店なら、お客さんは喜んでお金を出すんじゃないでしょうか？

一人 もちろんだよ。適正価格で魅力のあるお店なら、自分のためにもお客さんのためにもなっている。ってことは、**神様だって応援してくれる**だろうね。

タツヤ　ちょっと話は変わりますけど、少し前に、ある人からこんな質問がありました。

「最近、国のトップが国民の声を無視している状態に思えてなりません。こういうとき、一人さんはどんなふうに世の中を見ているのでしょうか？」

一人　そうだなぁ。……俺だったら、「もし自分が国のトップになったとしても、大したことはできないしね」って考えるかな。

人の文句や愚痴を言う人って、自分のことを棚に上げてるんだよね（笑）。そんなに文句を言うんだったら、あなたがやってみなよって（笑）。

もし自分だったら……と考えたら、あんまり文句も言えないと思いますよ。

今回の東京オリンピックでも、開催前から賛否両論いろいろあったけど、俺はずっと、「みんな、よくがんばっているなぁ」と思いながら見ていたよ。実際、それぞれの立場で自分のできることを、みんな精いっぱいがんばっていたと思います。

ものごとって、悪いところを見るのは簡単なの。だけど、**悪く見えることでも、いかに明るい部分に目を向けるかだよ。**政治家だって、医療従事者だって、経営者だって、サラリーマンだって、みんながんばっている。

たくさんの人たちのがんばりに目を向けることで、世の中の印象はずいぶん違ってくると思いますよ。

一人さんのあとがき

常識という鎧《よろい》はそろそろ脱いで、
ふわふわの軽い心で好きなことをやりな。
人生楽しみな。

みんな未熟なままで素敵だし、
未熟な俺たちには、
いつだって龍神様が力を貸してくれる。
心配ない。
全部うまくいくからね。

一人さんも、毎日みんなの幸せを願っています。
いつも俺の話を聞いてくれて、ありがとう。

さいとうひとり

斎藤一人さんとお弟子さんなどのウェブ

斎藤一人さん公式ブログ

https://ameblo.jp/saitou-hitori-official

一人さんが毎日あなたのために、ツイてる言葉を、日替わりで載せてくれています。ぜひ、遊びにきてくださいね。

斎藤一人さんTwitter

https://twitter.com/O4Wr8uAizHerEWj

右のＱＲコードを読み込むか、
上のＵＲＬからアクセスできます。
ぜひフォローしてください。

鈴木達矢さんのYouTube ………	https://www.youtube.com/channel/UClhvQ3nqqDsXYsOcKfYRvKw
柴村恵美子さんのブログ ………	https://ameblo.jp/tuiteru-emiko/
ホームページ ……………………	https://emikoshibamura.ai/
舛岡はなゑさんのClubhouse ……	https://www.joinclubhouse.com/event/xkarv0Dm
YouTube ………………………	https://www.youtube.com/channel/UCW0yCWYcWWbP4tq6_qW0QAA
公式ブログ ……………………	https://ameblo.jp/hitori-myoudai-hana/
インスタグラム ………………	https://www.instagram.com/masuoka_hanae/?hl=ja
みっちゃん先生のブログ ………	https://ameblo.jp/genbu-m4900/
インスタグラム ………………	https://www.instagram.com/mitsuchiyan_4900/?hl=ja
宮本真由美さんのブログ ………	https://ameblo.jp/mm4900/
千葉純一さんのブログ …………	https://ameblo.jp/chiba4900/
遠藤忠夫さんのブログ …………	https://ameblo.jp/ukon-azuki/
宇野信行さんのブログ …………	https://ameblo.jp/nobuyuki4499/
尾形幸弘さんのブログ …………	https://ameblo.jp/mukarayu-ogata/

一人さんファンなら、一生に一度はやってみたい

「八《はち》大《だい》龍《りゅう》王《おう》参り」

ハンコを10個集める楽しいお参りです。
10個集めるのに約7分でできます。

無料

場 所：一人さんファンクラブ

ＪＲ新小岩駅南口アーケード街徒歩３分
年中無休（開店時間10:00~19:00）
東京都葛飾区新小岩1-54-5　tel.03-3654-4949

斎藤一人 銀座まるかん オフィスはなゑ

一人さんファンクラブから徒歩30秒
祝祭日休み（開店時間10:00~19:00）
東京都江戸川区松島3-15-7
ファミーユ冨士久ビル1F　tel.03-5879-4925

金運祈願

恋愛祈願

就職祈願

合格祈願

健康祈願

商売繁盛

一人さんが
すばらしい波動を
入れてくださった絵が、
宮城県の
定《じょう》義《ぎ》山《さん》 西《さい》方《ほう》寺《じ》に
飾られています。

仙台市青葉区大倉字上下1
Kids' Space 龍の間

**勢至菩薩様は
みっちゃん先生の
イメージ**

聡明に物事を判断し、冷静に考える力、智慧と優しさをイメージです。寄り添う龍は、「緑龍」になります。地球に根を張る樹木のように、その地を守り、成長、発展を手助けしてくれる龍のイメージで描かれています。

**阿弥陀如来様は
一人さんの
イメージ**

海のようにすべてを受け入れる深い愛と、すべてを浄化して癒すというイメージです。また、阿弥陀様は海を渡られて来たということでこのような絵になりました。寄り添う龍は、豊かさを運んでくださる「八大龍王様」です。

**観音菩薩様は
はなゑさんの
イメージ**

慈悲深く力強くもある優しい愛で人々を救ってくださるイメージです。寄り添う龍は、あふれる愛と生きる力強さ、エネルギーのある「桃龍」になります。愛を与える力、誕生、感謝の心を運んでくれる龍です。

斎藤一人（さいとう・ひとり）

実業家・「銀座まるかん」（日本漢方研究所）の創設者。

1993年以来、毎年、全国高額納税者番付（総合）10位以内にただひとり連続ランクインし、2003年には累計納税額で日本一になる。土地売却や株式公開などによる高額納税者が多いなか、納税額はすべて事業所得によるものという異色の存在として注目される。

著書に、『斎藤一人　人生がダイヤモンドに変わります』（みっちゃん先生との共著）『斎藤一人 一人道』『斎藤一人 神的 まぁいいか』『斎藤一人 龍が味方する生き方』（舛岡はなゑさんとの共著）『斎藤一人 絶対、なんとかなる！』『斎藤一人 俺の人生』（以上、マキノ出版）などがある。

鈴木達矢（すずき・たつや）

斎藤一人さんの名代。特別弟子。

二十数年前、一人さんと出会い、その魅力的な人柄と楽しく生きる精神論に惹かれ、師と仰ぐようになる。舛岡はなゑさんが社長を務める「銀座まるかん」はなゑ隊の営業本部長。著書に、『斎藤一人　日々の幸福論』（学研プラス）がある。

斎藤一人
龍の背に乗る生き方

2021年12月10日　第1刷発行

著　者　斎藤一人
　　　　鈴木達矢
発行人　室橋一彦
編集人　高畑 圭
発行所　株式会社マキノ出版
https://www.makino-g.jp
〒103-0025
東京都中央区日本橋茅場町3-4-2
KDX茅場町ビル4階
電話　書籍編集部　03-5643-2418
　　　販売部　03-5643-2410
印刷・製本所　大日本印刷株式会社
©HITORI SAITO & TATSUYA SUZUKI 2021, Printed in Japan
定価はカバーに明示してあります。
落丁本・乱丁本はお取替えいたします。
お問い合わせは、編集関係は書籍編集部、販売関係は販売部へお願いします。
ISBN　978-4-8376-1418-0